Bernadette Soubirous

GROSSE GESTALTEN DES GLAUBENS

Herausgegeben von P. Gerhard Eberts

Bernadette Soubirous

von Walter Maria Skarba

Weltbild

LITERATURHINWEIS

1. „Vie de Bernadette", René Laurentin; in deutscher Sprache erschienen als „Leben der Bernadette", Düsseldorf 1979.
2. „La dame plus belle que tout", Jean Barbet, Paris; in deutscher Sprache erschienen als „Die über alles schöne Frau", Stein am Rhein.
3. „Les Apparitions de Lourdes par Jean B. Estrade"; in deutscher Fassung erschienen als „Bernadette, die Begnadete von Lourdes", Leutesdorf am Rhein 1980.
4. „Sainte Bernadette, d'après ses contemporaines"; in deutscher Sprache erschienen als „Bernadette in Nevers", Ernest Guynot, Leutesdorf am Rhein 1977.
5. „Das Lied der Bernadette" von Franz Werfel, S. Fischer-Verlag 1941.
6. „Lourdes" von Prof. Dr. Alfred Läpple, Aschaffenburg 1983.
7. „Die wundersame Geschichte der Bernadette" von Graziella Ajmone; in italienischer Sprache 1971 erschienen als „La meravigliosa storia di Bernadetta", La Scuola Editrice/Brescia.
8. „Bernadette von Lourdes", herausgegeben von André Ravier, Einführung von Hans Urs von Balthasar, Freiburg/Basel/Wien 1979.
9. „Ich wurde in Lourdes geheilt" von Ida Lüthold-Minder, Stein am Rhein.
10. „Azun de Bernetas, la Grotte des Pyrénées", Tarbes 1961.
11. „Bernadette vous parle", von R. Laurentin, Paris 1972.
12. „Bernadette Soubirous", J. Barbet, Pau 1909.
13. „Histoire de Notre Dame de Lourdes", L.J.M.Cros, Paris 1927.
14. „Ecrits de Sainte Bernadette", A. Ravier, Paris 1961.
15. „Témoins de l'évènement", M. Olphe-Galliard, Paris 1957.
16. „Bernadette, une vocation", B. Billet, Paris 1965.

© 1984 by Paul Pattloch Verlag, Aschaffenburg
Buchgestaltung: Dieter Lidl, München
Fotos: Hans Günther Numberger und Peter Ardelt
Umschlag: Hans Numberger, München
Satz: Fotosatz Völkl, Germering
Gesamtherstellung: Brepols N.V., Turnhout
Printed in Belgium

ISBN 3-557-91278-7

Inhaltsverzeichnis

Ein Hirtenmädchen macht Schlagzeilen …

Feuchtkalt ist es an diesem Donnerstag in Lourdes, einem französischen Städtchen am Fuß des Pyrenäengebirges. Etwas Nebel hat sich ausgebreitet, leichter Nieselregen fällt auf die Häuser des Orts. Kein Wunder, man schreibt ja erst den 11. Februar, da gehört solch ein unwirtliches Wetter eben zur Jahreszeit. Auch im Wohnraum der Familie Soubirous ist es nicht gerade gemütlich; man lebt von der Hand in den Mund, denn die Arbeitsmarktlage ist schlecht und der Vater, ein ehemaliger Müller, ist froh über jede Beschäftigung, die ihm angeboten wird. Es ist elf Uhr vormittags, die Kinder des im Moment Arbeitslosen halten sich ebenfalls in dem einzigen Raum auf, der dieser Familie nach ihrem sozialen Abstieg vom Müller zum Taglöhner zur Verfügung gestellt worden ist …

„O je, wir haben bald kein Holz mehr", ruft auf einmal Bernadette, die erstgeborene Tochter der Eheleute Soubirous. Wie schon des öfteren, will sie auch an diesem Tag in der Umgebung Brennholz sammeln, damit die karge Wohnstube geheizt werden kann. Ihre Schwester Toinette will mitkommen, und just in diesem Moment tritt Jeanne Abadie, die Tochter eines Steinbrucharbeiters, in den Raum, um ihre Freundinnen zu besuchen. Die Mädchen des Müllers nennen sie nur ‚Baloum', und natürlich wollen jetzt alle gemeinsam aufbrechen, um Zweige und Äste für den offenen Kamin zu suchen.

„Nein, Bernadette, du bleibst hier!", sagt da die Mutter zu ihrer Ältesten, denn das kühle Klima könnte das Asthmaleiden ihrer Tochter verschlimmern. Doch Bernadette will ins Freie und bettelt so lange, bis sie – nicht ohne viele gute Ratschläge – endlich hinaus aus dem düsteren Domizil darf; früher wurde diese Wohnung sogar als Gefängnisraum in Lourdes benutzt, doch davon später …

In den traditionellen Holzschuhen der Gegend machen sich die drei auf den Weg, gehen zunächst die Rue des Petits Fossés entlang und kommen schließlich durch die Pforte von Baous aus dem Städtchen hinaus auf das offene Land. Die Mädchen gehen an Weiden vorbei, am Friedhof entlang und steigen zu einer alten Brücke hinab. Hier gibt es zwei Gewässer: Auf der einen Seite fließt ein Kanal, der die Mühle von Savy antreibt. Über eine Brücke erreichen sie die sogenannte ‚Sabi-Wiese', ein Stück Weideland, das auf der anderen Seite vom Fluß Gave begrenzt wird und das der Müller Nicolau Antoine für seine Zwecke gepachtet hat. Er sieht es gar nicht gern, wenn Sammler das Schnittholz der Uferpappeln aufklauben wollen und schickt auch die drei Holzsucherinnen mürrisch weiter, sobald er ihrer ansichtig wird. Also ziehen die Mädchen bis zu der Stelle, wo der Mühlkanal in die Gave mündet. Nach ein paar Minuten sind sie angelangt, rund siebenhundert Meter von der Stadtgrenze entfernt. Auf der linken Seite ragt eine Felswand ungefähr sieben Meter in die Höhe, am Fuß dieses steilen Ufers gibt es sumpfige und schwimmende Erdklumpen am

An den Arkaden vorbei führt der Weg zur Rosenkranzbasilika.

Wasser, ebenso Felsbrocken und Moränen. Die ungestümen Fluten der Gave haben hier im Lauf von Jahrhunderten eine Art Grotte ausgehöhlt, in der sich gelegentlich angeschwemmte Holzstücke ablagern. Voll Freude sammeln die Kinder dieses Treibgut auf und wollen dann jenseits des Baches ihr Glück weiter versuchen. Baloum und Bernadettes Schwester waten wagemutig durch das kalte Wasser, die Älteste aber – Bernadette – zögert eingedenk der mütterlichen Ermahnungen, denn mit Asthma ist nicht zu spaßen …

Ein sanfter Windstoß

Um ihre Gefährtinnen nicht allein ziehen zu lassen, sucht Bernadette jetzt eine seichte Stelle, wo sie die Gave gefahrlos überqueren kann – vergeblich. Sogar mit ein paar Steinbrocken versucht sie es, doch der Bach ist zu tief. Also entschließt sich Bernadette jetzt doch, Schuhe und Strümpfe auszuziehen, um den Fluß durchqueren zu können. Kaum hat sie sich des ersten Strumpfes entledigt, da ist ihr, als ob sie das Geräusch eines Windstoßes hört. „Eigenartig", mag sich das Mädchen denken, „es ist ja windstill und die Pappeln bewegen sich gar nicht!"

Leicht irritiert beginnt sie, den zweiten Strumpf abzustreifen. Und wieder: Es rauscht wie der Wind, diesmal in den Zweigen eines wilden Rosenstrauchs, der in einer Nische in der genannten Grotte einige Meter über dem Boden wächst. Bernadette schaut genauer hin und erschrickt: In dem dunklen Inneren der Grotte glaubt sie plötzlich ein „sanftes Licht" – wie sie später berichten wird – wahrzunehmen. Und mehr als das: In diesem Licht gewahrt sie auf einmal eine Gestalt, die wie eine wunderschöne junge Frau aussieht und Bernadette anlächelt. Das Mädchen ist wie gebannt – soll es davonlaufen oder hierbleiben? Da hilft nur eins: kräftig die Augen reiben und sehen, ob die wundersame Erscheinung immer noch da ist! Gesagt, getan. Und als Bernadette ihre Augen wieder öffnet, sieht sie die lächelnde Gestalt immer noch. Das Mädchen will ein Kreuzzeichen machen, doch die Hand gehorcht ihm nicht; Bernadette greift in ihre Schürzentasche und fühlt ihren Rosenkranz. „Plötzlich schlägt die fremde schöne Frau ein Kreuz, und auch ich habe es jetzt nachmachen können", berichtet das Kind später. Gemeinsam mit der Lichtgestalt – die ganz in Weiß gekleidet ist und mit einladender Händegeste zum Näherkommen ermuntert – betet die Müllerstochter jetzt den Rosenkranz. Zum Schluß winkt die Gestalt dem Mädchen zu und verschwindet so unvermutet, wie sie erschienen ist. Zurück bleibt der dunkle Felsen der Grotte, und Bernadette kommt wieder zu sich und sieht maßlos erstaunt die leere Nische …

Nun hört sie die Stimmen ihrer Weggenossinnen näherkommen, offensichtlich wurde sie beobachtet: „Das ist doch verrückt, hier zu beten, es genügt doch, das in der Kirche zu tun!", sagt Baloum mit verächtlichem Schulterzucken. Inzwischen hat Bernadette ihren zweiten Strumpf vom Fuß gezogen und steigt ebenfalls in die Gave. Aber seltsam – das Wasser erscheint ihr überhaupt nicht kalt. „Ach, ihr Schwindle-

Im Innern der dunklen Grotte, meint Bernadette zunächst nur ein sanftes Licht wahrzunehmen und erkennt dann die wunderschöne, junge Frau.

Über die schneebedeckten Gipfel der Pyrenäen führt der Weg nach Lourdes.

rinnen", ruft sie ihren Begleiterinnen zu, „das Wasser ist ja angenehm warm!" Die beiden anderen glauben, Bernadette wolle sie necken.

Nach einer Weile fragt sie: „Habt ihr eigentlich etwas gesehen?" Die zwei verneinen und fragen gleich zurück: „ … und du?" – „Na, dann ich auch nicht", weicht Bernadette aus, und nacheinander machen sich die Mädchen auf den Heimweg. Dabei bohrt die Schwester wieder weiter: "Sag', Bernadette, was hast du denn gesehen? Ich

sag's auch niemandem weiter!" Und vertrauensselig erzählt die Älteste ihrer Schwester Toinette von dem Geschauten.

Das hätte sie lieber nicht tun sollen, denn – kaum zu Hause angekommen – sprudelt Toinette los: „Die Bernadette hat in der Grotte von Massabielle eine weiße Frau
gesehen", verkündet sie wichtig ihrer Mutter, die zunehmend entsetzt reagiert:
„Ach, ich Ärmste, auch das noch!", ruft sie, denn mit der Vertreibung aus der Mühle, dem Ruin und einem Gefängnisaufenthalt des Vaters hatte sie schon allerhand
durchgemacht …

Bernadettes Eltern sind überhaupt nicht erbaut von solchen undurchsichtigen

11

Vorkommnissen mit ihrer Tochter und verbieten ihr schlichtweg, die Grotte nochmals aufzusuchen. Zwei Tage vergehen, Bernadette hält sich brav an das elterliche Verbot, trotz des inneren Drängens, mit dem es sie nach wie vor zur Grotte hintreibt. Am folgenden Samstag schließlich wird sie von mehreren Mädchen, die soeben von der Messe kommen, bedrängt: „Komm, gehen wir doch zusammen zum Fluß!" Bernadette fühlt einen Gewissenskonflikt: Einerseits würde sie liebend gern wieder der wunderschönen jungen Frau in der Grotte begegnen, andererseits hat es die Mutter strikt verboten. Schließlich siegt aber das vereinte Betteln der Kinder, und unter vielen Versprechungen – auch ja acht zu geben, läßt sie Frau Soubirous ziehen.

Die zweite Erscheinung

Diesmal nimmt Bernadette mit ihren Begleiterinnen nicht mehr den ursprünglichen Weg über die Sabi-Wiese des Müllers Nicolau und die Kanalbrücke, sondern geht den Waldweg, genannt „Chemin de la Forêt", der hinter der Grottenanhöhe entlangführt und bei dem zunächst der Abhang zum Fluß und zur Nische hinunter zu bewältigen ist. Bernadette kann es kaum erwarten und springt allen anderen voraus, schon hat sie die Flußebene am Grottenboden erreicht und kniet sich hin. Ein paar größere Mädchen warten vorerst in sicherer Entfernung oben am Hang, nur die kleineren haben Bernadette bis hinab zur Gave begleitet. „Da, da ist sie wieder!", ruft Bernadette plötzlich verzückt, während sie die Perlen ihres Rosenkranzes durch die Finger gleiten läßt. Die anderen aber sehen nichts. Bernadette nimmt nun eine kleine Flasche Weihwasser, das ihr eine Begleiterin entgegenstreckt, und fängt an, die erschienene Gestalt zu besprengen. Ein böser Geist müßte sich ja spätestens jetzt aus dem Staub machen!, ist die Überlegung der Mädchen. – Doch die weiße Frau bleibt und lächelt. In diesem Moment saust etwas senkrecht vom Hochufer der Gave an Bernadette vorbei und fällt platschend in den Fluß, dessen Wasser hoch aufspritzt. Einige Mädchen neben Bernadette stürzen schreiend davon, diese aber bleibt regungslos am Boden knien, als ob sie von alledem nichts mitbekommen hätte. Schnell ist der Spuk geklärt: Jeanne Abadie, genannt Baloum, hatte sich einen schlechten Scherz erlaubt und einen Gesteinsbrocken über den Abhang fallen lassen. Sie wollte damit die anderen Mädchen unten erschrecken, vielleicht auch ihre eigene Angst und Unsicherheit überdecken.

Die Davongelaufenen kommen jetzt zurück und haben den Müller Nicolau aufgeschreckt: „Bernadette verliert den Verstand, kommt schnell!" Nur mit Mühe kann der sonst so starke Mann die kleine Bernadette – die immer noch in regloser Ekstase verharrt – von der Grotte wegzerren und zur Mühle bringen. Und die Mutter Soubirous ist inzwischen ebenfalls alarmiert worden und stürzt atemlos auf ihre Tochter zu:

„Du bringst uns alle ins Zuchthaus!", ruft sie und kann nur mit Mühe von den Umstehenden abgehalten werden, der kleinen Bernadette – die ihre Familie plötzlich ins Rampenlicht der Öffentlichkeit rückt – eine Tracht Prügel zu verabreichen. „Nie wieder gehst du mir zur Grotte, verstanden!", schimpft sie fassungslos; auf dem Kalender steht Sonntag, der 14. Februar 1858.

Glücklich erst in der anderen Welt

Einige Bewohner von Lourdes und Altersgenossinnen Bernadettes tun das Ganze als Faschingsscherz ab, denn die zweite Erscheinung fand ausgerechnet am Faschingssonntag statt. Eigentlich hätte die Sache mit dem letzten strengen Verbot ein Ende haben sollen, doch es kam anders: Eine gewisse wohlhabende Madame Milhet aus Lourdes, für die Bernadettes Mutter Louise Soubirous gelegentlich Näh-Aufträge ausführt, hat Interesse an den Vorkommnissen gefunden und will partout mit Bernadette zur Grotte gehen. Wie könnte Frau Soubirous ihrer Arbeitgeberin etwas abschlagen? Widerwillig gibt sie die Erlaubnis, und am nächsten Morgen – es ist eine Woche nach dem ersten Erscheinungstag, Donnerstag, der 18. Februar –, holt die Madame die Müllerstochter bereits um fünf Uhr morgens zusammen mit ihrer Schneiderin Antoinette ab.

Alle drei beginnen den Rosenkranz zu beten, als sie die Grotte erreicht haben – Bernadette wieder zuerst. „Sie ist da!", flüstert sie plötzlich, und ihre Begleiterinnen reichen ihr Schreibzeug und Papier, das sie vorsorglich mitgebracht haben. „Wir wollen wissen, wie die schöne Dame heißt", begründen sie ihre Maßnahme. „Vielleicht handelt es sich um eine arme Seele?" – „Wären Sie wohl so gut, ihren Namen aufzuschreiben?", bittet Bernadette die Erscheinung, doch diese sagt lächelnd, daß dies nicht nötig sei … Stattdessen fordert die weiße Dame das Mädchen auf, doch vierzehn Tage hintereinander hierher zur Grotte zu kommen. Und geheimnisvoll fügt sie hinzu, daß sie verspreche, Bernadette „nicht in dieser Welt, wohl aber in der anderen Welt glücklich zu machen".

Tags darauf geht Madame Milhet wieder mit Bernadette zur Grotte, diesmal schließen sich aber deren Mutter und die Tante Bernarde sowie noch ein paar weitere Neugierige an – insgesamt sind an diesem 19. Februar acht Personen an der Grotte der Gave versammelt. Bernadette beginnt sogleich, ein Ave Maria zu beten, bis sie der Erscheinung wieder ansichtig wird. Die begleitenden Frauen sehen davon nichts, sind aber von der wundersamen Veränderung im Gesicht des kleinen, schauenden Mädchens tief beeindruckt.

Ähnliches wiederholt sich an den folgenden Tagen: am 20. Februar, dem Tag der fünften Erscheinung, und am 21. des Monats. Nur mit dem Unterschied, daß sich mittlerweile immer mehr Schaulustige dazugesellt haben: Am 20.2. sind es dreißig Personen, am 21. Februar wird Bernadette bereits von schätzungsweise hundert Menschen zur Grotte begleitet. Die unerklärlichen Vorkommnisse wirken auf die Bevölkerung wie ein Stein im Wasser, der immer weitere Kreise zieht, und natürlich bleibt die allgemeine Aufregung auch nicht der weltlichen und geistlichen Obrigkeit verborgen. Doch davon später. Noch weiß niemand, wer die wunderschöne Frau ist, die Bernadette allein in der Grotte von Massabielle mehrmals erschienen ist, und Spekulationen verschiedenster Art fallen auf fruchtbaren Boden. Am 20. Februar, dem Tag der fünften Erscheinung, empfängt Bernadette von der Erscheinung ein „Gebet, das nur für sie allein bestimmt ist", wie es später heißt; nie wird jemand erfahren, um welche Worte es sich da gehandelt hat. Einen Tag darauf – es ist der 21.2., die sechste Erscheinung – wünscht sich die junge Frau eindringlich, daß Bernadette

Oben: Die wunderbare Quelle wurde sorgfältig gefaßt, ihr Wasser wird von den Pilgern in Flaschen abgefüllt oder zu den Badehäusern für Kranke geleitet.
Rechts: Die untere Basilika der Rosenkranzkirche in Lourdes.

„für die Sünder, für die kranke Welt" beten solle. Am Tag der siebten Erscheinung, dem 23. Februar, teilt die Frau in der Grotte dem Hirtenmädchen Bernadette drei Geheimnisse mit, die ebenfalls von ihr mit ins Grab genommen werden.

Etwa 300 Menschen sind am 24. Februar an der Gave versammelt, als Bernadette ihre achte Erscheinung hat und sich zum Erstaunen aller plötzlich niederkniet und die Erde küßt. „Buße! Buße! Buße!" habe die schöne weiße Frau an diesem Tag gerufen und eine entsprechende Geste erbeten.

Der nächste Tag, es ist der 25. Februar und die neunte Erscheinung, stürzt die Menschenmenge vollends in Verwirrung: „Ist denn Bernadette noch bei Sinnen oder

ist das arme Kind verrückt geworden?", raunen die Zuschauer, denn das Mädchen tritt nach der üblichen Verzückung plötzlich ins Innere der Grotte und beginnt, im schlammigen Boden zu wühlen. Mehr noch – sie fängt sogar an, den Dreck in ihr Gesicht zu schmieren! Es schaut so aus, als wolle sie den Schlamm trinken, schleudert ihn aber einige Male immer wieder voller Ekel zur Seite. Erst beim vierten Versuch gelingt es ihr – sie nippt an dem schmutzigen Brei und reißt jetzt sogar ein paar Büschel von Blättern ab, die in der düsteren Höhle wachsen, um sie zu essen.

Ist Bernadette verrückt geworden?

Die Menge ist total verunsichert, sie weiß nicht, was sie von diesem eigenartigen Schauspiel halten soll. Bernadette erklärt es anschließend: „Das da" – Bernadette bezeichnet damit die Erscheinung – „hat zu mir gesagt: ‚Gehen Sie zur Quelle, trinken Sie daraus und waschen Sie sich darin!" Nirgends aber habe sie Wasser sehen können, bis auf den schlammigen, feuchten Boden. Das Mädchen kann den Fragenden ihr Verhalten nicht plausibel erklären, sie sagt nur immer wieder: „es ist für die Sünder!"

Am Nachmittag aber, als einige Leute nochmals die Grotte aufsuchen, sehen sie die etwa suppenschüsselgroße Ausbuchtung, die das Mädchen mit ihren Händen gegraben hat. Und sie hören das Rauschen von Wasser, wühlen mit einem Stock in der Pfütze und bemerken zu ihrem Erstaunen, daß sich das trübe Wasser immer stärker aufklart, daß es immer kräftiger zu sprudeln beginnt und schließlich als richtige Quelle an die Erdoberfläche kommt. Die Kunde davon verbreitet sich wieder in Windeseile durch Lourdes, und schon werden die ersten kleinen Flaschen mit dem frisch entdeckten Wasser abgefüllt und in die Stadt gebracht.

Zwei Tage später, am 27. Februar, erlebt Bernadette ihre zehnte Erscheinung. „Die Frau ist unsagbar schön, sie schaut jung aus wie eine Fünfzehnjährige und ist von kleiner Gestalt", beschreibt sie das Mädchen später und vergleicht ihre eigene, geringe Körpergröße mit der der Erschienenen. Vor den vielen hundert Menschen, die mittlerweile jeden Erscheinungstag verfolgen, wiederholt Bernadette jetzt öfters die Bußübungen und kniet nieder, um den Boden zu küssen. „Küssen Sie die Erde zur Buße für die Sünder", wird dem Mädchen von der weißen Dame mitgeteilt, außerdem der Satz „Gehen Sie zu den Priestern und sagen Sie ihnen, sie sollen hier eine Kapelle bauen!"

Die Menge schwillt an

Am 28. Februar, dem Tag der elften Erscheinung, drängen sich bereits schätzungsweise 1150 Menschen dicht vor der Grotte. Sogar der Kommandant Renault von der Gendarmerieschwadron aus der Nachbarstadt Tarbes ist gekommen, um mit seinen Leuten den Zustrom der Schaulustigen zu regeln; das Gedränge am Steilhang und am Ufer der Gave könnte sonst gefährlich werden. Von nun an gibt es für die gläubige Bevölkerung kein Halten mehr: Schon um Mitternacht treffen die ersten Menschen am 1. März bei Massabielle ein, um ja einen guten Sichtplatz möglichst nahe an der Grotte zu ergattern. Beinahe 1500 Leute sind es an diesem Tag, und ein Augenzeuge – der Priester Abbé Désirat – schildert später die Verzückung der kleinen Bernadette folgendermaßen: „Ihr Lächeln ist überhaupt nicht zu beschreiben. Der begabteste Maler und der vollendetste Schauspieler vermöchten niemals diese Anmut und Grazie wiederzugeben; es ist unmöglich, sie sich vorzustellen. Was mir besonders auffällt, ist der Ausdruck von Freude und Trauer auf ihrem Gesicht. Blitzartig verändert es sich vom einen Moment zum anderen. Trotzdem – all das geschieht ohne einschneidenden Bruch, in einem bewundernswerten Übergang". Er habe, so der Abbé später, das Kind sehr sorgfältig beobachtet, als es zur Grotte ging. „Welch ein Unterschied zwischen der, die sie vorher war, und der, die ich im Augenblick der Erscheinung sah!", schildert er seine unauslöschlichen Eindrücke.

An diesem ersten März hatte Bernadette übrigens mit einem fremden Rosenkranz gebetet, den ihr eine Bürgerin geliehen hatte. „Die Erscheinung hat mich aufgefordert, doch meinen eigenen Rosenkranz zu benützen", berichtet Bernadette im Anschluß an diesen Besuch bei der Grotte.

In ähnlicher Weise wiederholen sich die Erscheinungen auch an den folgenden Tagen: Bernadette geht ihren ‚Chemin de la Forêt', den Waldweg, empor, der schließlich oberhalb der Grotte entlangführt. Von oben aus begibt sich das Mädchen den Hang hinunter, um die Grotte flußabwärts zu erreichen. Dort angekommen, teilt sich kurzfristig das Heer der Umstehenden, um die Müllerstochter durchzulassen, unmittelbar danach schließt sich die Menge wieder. Bernadette kniet sich an ihrem angestammten Platz auf den Boden, der ihr bereits ehrerbietig freigehalten wird, holt ihren Rosenkranz aus der Schürzentasche und fällt alsbald in Verzückung: Das Schauen der weißen Gestalt ist ihr von den Danebenstehenden nur am Gesicht abzulesen; hören oder sehen tut außer Bernadette niemand etwas von der Erscheinung. An diesem Tag der 13. Erscheinung – es ist der 2. März – erinnert die Dame Bernadette nochmals an den Bau einer Kapelle, außerdem hört diese innerlich folgenden Auftrag: „Gehen Sie zu den Priestern und sagen Sie ihnen, daß ich will, daß man in Prozessionen hierher zieht!"

Pflichtbewußt führt Bernadette ihr erster Weg nach diesem Grottenbesuch also ins Pfarrhaus, um dem zuständigen Geistlichen, dem Abbé Peyramale, davon zu berichten. Es ist kein leichter Gang für das Mädchen, denn auch beim Pfarrer stößt sie auf skeptische Ablehnung und muß zunächst einmal eine Art Verhör – mit vielen Fangfragen gespickt – über sich ergehen lassen. Doch davon wird später ausführlicher zu berichten sein.

Bleiben wir bei den Tagen der insgesamt 18 Erscheinungen. Der Zustrom der Gläubigen, der Neugierigen, Schaulustigen und skeptischen Beobachter – die das ‚Phänomen Bernadette' erleben wollen – wächst und wächst von Tag zu Tag weiter an. Das Mädchen selbst bemerkt während ihrer Ekstase nichts vom Ansturm der

Folgende Doppelseite: Panoramablick von der Höhe der Burg in Lourdes auf den heiligen Bezirk: Im Vordergrund der Gavefluß; in der Bildmitte das Rasenrondell, unter dem die Basilika Pius X. liegt; darüber der Komplex der Wallfahrtskirche.

Massen; etwa eine Stunde dauert jeweils die Verzückung der Bernadette. Ihre Mutter und Tanten aber versuchen, während solcher Augenblicke das Kind vor dem nachdrängenden Menschenknäuel, so gut es eben geht –, zu beschützen; rund 3000 Personen haben sich zum Beispiel am 3. März, dem Tag der 14. Erscheinung, an der Gave eingefunden. Wiederum erinnert die Dame an den Bau einer Kapelle, doch immer noch zeigt sich der Pfarrer streng und ablehnend. „Hast du denn die Frau endlich nach ihrem Namen gefragt?", will der Geistliche unwirsch wissen. „Ja", antwortet Bernadette, „aber sie hat nur gelächelt …" „Na, dann macht sie sich aber ganz schön über dich lustig!", sagt der Abbé zu Bernadette; insgeheim aber fühlt er sich bereits arg verunsichert – wie wir noch hören werden – und sagt schließlich: „Also gut, wenn sie ihre Kapelle haben will, dann soll sie wenigstens ihren Namen sagen und den wilden Rosenstrauch in der Grotte zum Blühen bringen. Erst dann werden wir ihr eine große Kapelle bauen!"

Sogar die Polizei ist da

Einen Tag später, es ist der 4. März –, die 15. Erscheinung – macht sich auch der Polizeikommissar auf den Weg zur Grotte, um in den Höhlungen nachzuprüfen, ob nicht irgendwelche Feuerwerkskörper oder sonstiger Schnickschnack versteckt wären, die den Leuten Wunder vorgaukeln sollen. Besonders verwundert ist der Kommissar, daß bereits jetzt, mitten in der Nacht, so viele Menschen an der Grotte versammelt sind und beten; finden tut er in den Nischen des Gesteins nichts. Um fünf Uhr morgens wiederholt der Polizist mit großer Mühe seine Untersuchung. Nur mühsam kommt er vorwärts, man erdrückt sich geradezu in der Grotte, und dichte Menschentrauben hängen an jedem Felsvorsprung, um nur ja nichts von der erwarteten Erscheinung zu versäumen. Aus allen umliegenden Pyrenäentälern ist die Menge herbeigeströmt, „um sechs Uhr versammeln sich alle Polizisten und Gendarmerien von Nachbarorten und die Soldaten der Festung ziehen auf", berichtet ein Beobachter dieses Tages. „An beiden Ufern der Gave haben sich die Menschen erwartungsvoll aufgestellt, die weißen und roten Kapuzen der Bergbewohner leuchten in der aufgehenden Morgensonne". Unaufhörlich wird gebetet, gelegentlich drängen die Nachrückenden die Vornestehenden in das kalte Wasser der Gave, glücklicherweise an einer seichten Stelle. Anders als in den vorangegangenen Tagen ist Bernadette um sieben Uhr morgens noch nicht da; die Menge wird unruhig. „Was ist denn los, hat man die Kleine vielleicht eingesperrt?", murren einige Enttäuschte und schauen argwöhnisch auf den Kommissar, der mit seinen Gehilfen bereits seit dem frühen Morgen anwesend ist.

Endlich, einige Minuten später, tönt der erlösende Ruf: »Sie kommt, sie kommt". Das Mädchen wird diesmal von Jeanne Védère, seiner 30jährigen Cousine – die Lehrerin in Momères ist – begleitet. Sobald Bernadette in Verzückung gerät, wird der Kommissar diensteifrig: Fein säuberlich notiert er in sein Notizbuch alle Gesten des Mädchens: „34mal Lächeln", schreibt er auf, außerdem „24 Grüße in Richtung Grotte". Die vielen umstehenden Menschen verfolgen gespannt den Gesichtsausdruck des Mädchens und bekreuzigen sich mit ihr. Drei Minuten lang, so notiert der

Beobachter, wird das Gesicht Bernadettes sehr traurig, dann strahlt wieder ein Lächeln auf. Offensichtlich entgeht Bernadette völlig, wie sie von der Menschenmenge gebannt angestarrt wird. An diesem Tag hat das Mädchen keine Offenbarung von der schönen jungen Frau erhalten – von der noch niemand weiß, wer sie überhaupt ist –. Und so zerstreut sich die Ansammlung etwas verunsichert und ratlos …

„Ich bin die Unbefleckte Empfängnis!"

Inzwischen sind drei Wochen vergangen, in denen keine Erscheinungen stattgefunden haben. Der Kalender zeigt den 25. März – das Fest Mariä Verkündigung. Von innerem Drang getrieben, will Bernadette wieder – trotz des offensichtlichen Unmuts ihrer Eltern – zur Grotte. Um fünf Uhr morgens macht sie sich auf den Weg, und diesmal hat sich das Mädchen fest vorgenommen, den Wunsch des Pfarrers zu erfüllen und den Namen der schönen Unbekannten zu erfahren. „Mademoiselle, hätten Sie die Güte, mir zu sagen, wer Sie sind?", stellt Bernadette die Frage an die Erscheinung, sobald sie ihrer nach dem Rosenkranzgebet ansichtig wird. Und zwar fragt Bernadette nicht in französischer Sprache – der sie als ungebildetes, einfaches Mädchen gar nicht mächtig ist –, sondern im okzitanischen Dialekt ihrer Heimatregion Bigorre. Die Gestalt lächelt Bernadette an, sagt aber nichts. Ein zweites Mal versucht es das Mädchen und fragt nach dem Namen – wieder ohne Erfolg, die Dame lächelt nur. Ein drittes Mal nimmt sich Bernadette ein Herz und will mit großem Nachdruck wissen, wie denn die Erscheinung heißt – denn immerhin hatte der Pfarrer die Kenntnis des Namens zur Bedingung gemacht, eine Kapelle zu bauen. Als auch diese Frage nicht beantwortet wird, versucht es das Mädchen entschlossen ein letztes Mal. Und siehe da: „Die Erscheinung lächelt jetzt nicht mehr", wird Bernadette später berichten. „Sie breitet die Hände aus und richtet sie nach unten zur Erde. Dann faltet sie sie wieder vor der Brust zusammen, hebt die Augen zum Himmel, und sagt: ‚Que soy era Immaculada Councepciou …'" Die Frau antwortet also im Dialekt, den auch das Kind spricht, und ihre Worte bedeuten: „Ich bin die Unbefleckte Empfängnis". Ein schwieriger Satz für die kleine Bernadette, mit dem sie zunächst gar nichts anfangen kann. Und so spricht sie die Worte auf dem Rückweg immer wieder laut vor sich her, damit ihr ja keines entfällt und damit sie dem Abbé getreulich Bericht erstatten kann. Kaum im Pfarrhaus angekommen, sprudelt sie heraus: „Que soy era Immaculada Councepciou"! – Der Pfarrer ist zunächst schockiert und mag sich denken: „Was, du kleine Müllerstochter willst die Unbefleckte Empfängnis sein?" Doch dann verschlägt es ihm die Sprache und er ahnt, daß dieser Satz Bernadettes nicht von dieser selber stammt. „Ja, weißt du denn überhaupt, was das bedeutet?", forscht er nach – Bernadette schüttelt den Kopf. „Aber wie kannst du mir so etwas sagen, wenn du es gar nicht verstehst?", bohrt er weiter. „Ich habe den Satz unterwegs immer wieder laut hergesagt", verteidigt sich das Mädchen und fügt leise hinzu: „Sie will die Kapelle immer noch, Herr Pfarrer!" Der Abbé kämpft immer noch mit sich und schreibt sogleich einen kritischen Brief an seinen Bischof, in dem er ihm den neuesten Sachverhalt mitteilt. Nur ganz langsam, unendlich zögernd, gelangt der Abbé zu der Gewißheit, daß es sich bei der Erscheinung um Maria gehandelt hat.

Ein Kerzenwunder

Wieder vergehen knapp zwei Wochen, ohne daß sich an der Grotte etwas Neues tut. Man schreibt den 7. April 1858, es ist Mittwoch in der Osterwoche. Schon vor Sonnenaufgang eilt Bernadette zur Grotte – sie kann es nicht verhindern, daß sich innerhalb kürzester Zeit wieder unübersehbar viele Menschen einfinden. Bernadette kniet nieder; diesmal hat sie eine Kerze mitgebracht und entzündet. Um die Flamme vor dem frischen Wind zu schützen, hält sie behutsam ihre beiden Handflächen nahe über den Docht. Durch die gespreizten Finger hindurch sehen die Umstehenden die flackernde Flamme, und plötzlich schreit einer besorgt: „Aber Bernadette verbrennt sich ja!", denn ganz nahe hält sie ihre Hände neben und über die Flamme.

An diesem Tag ist auch ein gewisser Doktor Dozous aus Lourdes an der Grotte, den Einheimischen ist er als besonders skeptischer Mediziner bekannt – was die angeblichen Erscheinungen betrifft. „Laßt sie nur, laßt sie nur!", empfiehlt der Arzt und wartet ab, welche Folgen die Flamme für Bernadettes Hände haben wird. Aber siehe da – kaum ist die Ekstase beendet, untersucht der Doktor gewissenhaft die Handflächen des Mädchens auf Brandwunden. Aber was ist das? „Es ist nichts, überhaupt nichts zu sehen!", ruft Dozous ungläubig aus und schaut nochmal genau auf Bernadettes Hände. Tatsächlich – nicht die geringste Spur von Brandverletzung, die doch nach menschlichem Ermessen nach dieser Viertelstunde jetzt zu sehen sein müßte. Doch es ist so: „Nou ya pas arré!", ruft der Skeptiker nochmals zur eigenen Verblüffung aus, und überschwenglich verkündet er die Neuigkeit den Umstehenden und seinen freigeistigen Freunden vom Café Français: „Es war nichts zu sehen!" Auch der Kommissar erlebt diesen Vorfall mit und macht sich sogleich Notizen. Darin heißt es wörtlich: „Für mich ist es etwas Übernatürliches, Bernadette vor der Grotte in Verzückung knien zu sehen, wobei sie eine angezündete Kerze hält und deren Flamme mit beiden Händen bedeckt", zitiert er unmittelbar nach dem Ereignis die Äußerungen des Arztes. „Bernadette hat nicht die geringste Berührung mit dem Feuer gespürt, und als ich sie untersucht habe, konnte ich nicht die leiseste Spur einer Verbrennung feststellen …"

Das Mädchen zieht sich nach diesem Kerzenwunder – als solches wird das Geschehen alsbald von allen Augenzeugen eingestuft – noch stärker von der Öffentlichkeit zurück. Viele Wochen ziehen ins Land, ohne daß Bernadette zur Grotte geht – in Lourdes erhitzen sich die Gemüter immer mehr, und während die einen felsenfest an die leibhaftige Erscheinung Mariä in der Grotte an der Gave glauben, machen die anderen Freigeister ihrer Skepsis unverhohlen Luft. Dieser Zustand wird nicht besser, als jetzt in den Tagen danach mehrere Leute plötzlich behaupten, ebenfalls eine himmlische Erscheinung bei Massabielle gesehen zu haben. Am 11. April beispielsweise machen sich fünf Einwohnerinnen mit einer Leiter auf den Weg und steigen in eine Höhlung ein, die unmittelbar neben der Grotte liegt. Nur mühsam können sie sich durch die enge Öffnung zwängen, um mit Kerzen das finstere, natürliche Gewöl-

Drei Kirchen bilden heute im „Heiligen Bezirk" von Lourdes neben der Grotte an der Gave den spirituellen Mittelpunkt dieses großen christlichen Wallfahrtsortes.

be auszuleuchten und zu erkunden. Nach ein paar Minuten kommen die Frauen – alles angesehene Gemeindemitglieder von Lourdes – wieder ans Tageslicht. „Wir haben sie auch gesehen!", posaunen sie lauthals. Doch wenige Tage später wird deren Illusion durch eine Nachprüfung zunichte gemacht: Der Polizeikommissar geht der Sache nach und steigt selbst in die langgezogene Höhle ein. Und siehe da: Nach einigen Metern entdeckt er einen weißen Stalaktiten, der die Form einer – allerdings kopflosen – Statue hat … Ein Stalaktit ist übrigens ein einem Eiszapfen ähnelnder Tropfstein, der von der Decke einer Höhle nach unten wächst und herabhängt. Im Gegensatz dazu baut sich der ‚Stalagmit' säulenähnlich als Tropfstein vom Höhlenboden nach oben auf. Dieses Rätsel der fünf Bürgerinnen ist also gelüftet; trotzdem wollen es in der Folgezeit mehrere Leute, besonders auch viele Schulkinder, der kleinen Bernadette gleichtun und geben vor, ebenfalls Erscheinungen gehabt zu haben. Die Behörden wollen die allgemeine Aufregung und die Spekulationen stoppen und verschließen kurzerhand den Zugang zur Grotte mit einer Absperrung. Auch der Pfarrer ist durch die vielen erhitzten „Visionäre" und Wichtigtuer höchst beunruhigt und verständigt seinen Bischof Laurence von Tarbes, der sogleich die Mißbräuche öffentlich anprangert. Von nun an hören diese angeblichen Visionen schlagartig auf, die öffentliche Ordnung in Lourdes ist wieder hergestellt.

Bernadette bleibt von dem ganzen Trubel verschont, sie respektiert die behördliche Absperrung und hält sich im Hintergrund. Erst am 16. Juli – es ist der Festtag Unserer Lieben Frau vom Berge Karmel – fühlt sich das Mädchen auf unerklärliche Weise wieder nach Massabielle hingezogen. Soll sie der Obrigkeit gehorsam sein, oder soll sie ihrem inneren Drängen nachgeben? Bernadette kämpft mit sich und wartet, bis es Abend ist.

Um nicht weiter aufzufallen, leiht sie sich eine dunkelfarbige Kapuze, die in der Dämmerung kaum zu erkennen ist. Sie geht jetzt nicht den direkten Weg nach Massabielle, sondern schlägt die entgegengesetzte Richtung ein.

Die letzte Erscheinung

Das Mädchen nähert sich zunächst den Wiesen von Ribère und geht auf der rechten Flußseite entlang. Kaum ist Bernadette in Höhe der Grotte – aber durch die Gave von ihr getrennt – am Flußufer angekommen, kniet sie nieder und fängt an, die Perlen ihres Rosenkranzes durch die Finger gleiten zu lassen. Auch zu dieser späten Stunde sind immer noch einige Menschen hier im Angesicht der Grotte versammelt, um zu beten. „Plötzlich breitet das Kind die Hände wie freudig überrascht aus, doch dann wird das Gesicht ganz blaß, und auf einmal strahlt es freudig auf", schildert eine Beobachterin die Szene. Es sollte die letzte Erscheinung der Unbefleckten Empfängnis für Bernadette in diesem Leben sein; auf dem Rückweg sagt Bernadette zu ihrer Begleiterin, der Tante Lucile, daß sie „weder die Absperrung noch die Gave" gesehen habe. „Mir war, als wäre ich in der Grotte, nicht weiter weg als bei den anderen Malen. Ich habe nur die heilige Jungfrau gesehen."

Es war die 18. und endgültig letzte Erscheinung, sozusagen ein Abschied für diese Welt.

Die Kindheit der Bernadette

Bernadette war im Jahr der Marien-Erscheinungen 14 Jahre alt, sie wurde am 7. Januar 1844 als erstes Kind der Müllersleute François und Louise Soubirous in der Mühle Boly in Lourdes geboren. Zwei Tage später, am 9. Januar 1844, wird das Baby in der alten Pfarrkirche von Lourdes, die dem Heiligen Petrus geweiht ist, auf den Namen „Marie-Bernarde" – nach dem großen Heiligen Bernhard von Clairvaux – getauft. In der Mühle hat große Freude geherrscht, denn das Mädchen war ein Wunschkind der jungvermählten Eltern. Die Taufe Bernadettes war übrigens an deren erstem Hochzeitstag. Boly liegt als eine von fünf Mühlen am Flüßchen Lapaca, an dem sich im Abstand von jeweils einigen Metern diese Mahlbetriebe aneinanderreihten. Von Anfang an hört die kleine Marie-Bernarde – die bald von allen schlicht ,Bernadette' gerufen wird – im väterlichen Haus das Knirschen des Mühlsteins und der zerriebenen Getreidekörner, und später – auf ihrem Sterbebett – wird Bernadette diese Kindheitserinnerungen wieder ins Gedächtnis rufen, als sie angesichts ihres Leidens sagt: „Ich werde gemahlen wie der Weizen ..." Doch davon später – wir wollen ja zunächst von der Kindheit berichten. Als Erstgeborene gilt Bernadette übrigens – wie es in diesem Landstrich Frankreichs üblich ist – als „l'héritière", als „Erbin"; auch wenn – wie in diesem Fall – kaum etwas zu vererben sein wird. Aber der Brauch will es, daß eben die oder der Älteste besondere Verantwortung für die jüngeren Geschwister und besonderen Respekt bekommt und verstärkte familiäre Pflichten übernehmen muß. Die Müllersleute waren zwar nicht gerade wohlhabend, hatten am Anfang aber ein festes Dach über dem Kopf, eine Mühle zu betreuen und vor allem viel, viel Arbeit. Schon wenige Monate nach Bernadettes Geburt geschah ein Unglück, das für das Kleinkind eine entscheidende Änderung mit sich bringen sollte: Eines Abends sitzt die Mutter am Kamin und nickt – von der Tagesarbeit erschöpft – für ein paar Minuten ein. Plötzlich fällt die Harzkerze, die den Raum erleuchtet und an der Decke hängt, aus der Halterung und trifft die arme Frau, deren Kleidung sofort lichterloh in Flammen steht. Gerade noch kann Frau Soubirous den Brand löschen, aber sie ist verletzt worden. Ihre Brust ist schon arg verbrannt, und besonders schlimm dabei ist, daß die Mutter die kleine Marie-Bernarde darum nicht mehr stillen kann. Eine lebensbedrohliche Situation für das Kleinkind – denn fertige Babynahrung für Säuglinge hat es damals noch nicht gegeben.

Zufällig wohnt auf dem Hügel Bartrès eine Frau, die soeben ihren neugeborenen Sohn verloren hat. Die Frau heißt Marie Laguës, und der Schwester von Frau Soubirous, der Tante Bernarde von unserer kleinen Bernadette, gelingt es, diese entfernte Nachbarin als Amme zu gewinnen. Gegen eine Entlohnung nimmt die Frau die kleine Bernadette zu sich und gibt ihr ihre kostbare Milch. Bernadette lebt also jetzt bei fremden Leuten, wird aber häufig – vor allem vom Vater – besucht. Unter irgendwel-

chen Vorwänden steigt er oft den vier Kilometer langen, steilen Weg nach Bartrès hinauf, um seine Tochter zu sehen. Eigentlich möchte er sie am liebsten wieder zurückholen, aber die Amme wehrt sich dagegen, „damit die Wiege nicht leer bleibt", wie ein Chronist schreibt. Zuletzt behält sie das Pflegekind sogar unentgeltlich, nur um das Baby – an dem sie inzwischen sehr hängt – bei sich zu haben. Erst am 1. April 1846 – als sich Frau Laguës einer langersehnten Schwangerschaft sicher ist – gibt sie Bernadette wieder her. Im Hause Soubirous ist man darüber überglücklich, denn inzwischen ist ihr erster Sohn, der kleine Jean, kurz nach seiner Geburt plötzlich gestorben; die Medizin war damals eben noch nicht so weit wie heute, und die Kindersterblichkeit war hoch …

Das Leben in der Mühle Boly ist hart und nicht ungefährlich: Eines Tages verletzte sich Vater Soubirous beim Aufrauhen eines Mühlsteins mit dem Hammer so schwer durch einen Splitter am Auge, daß dieses verlorengeht. Auf einigen Photographien ist dieses Gebrechen noch deutlich zu sehen. Der gute Stern, unter dem das Leben der Familie bis jetzt immer gestanden hat, neigt sich allmählich; obwohl genug Kundschaft – trotz der nahen Konkurrenz von vier weiteren Mühlen – zum Müller Soubirous kommt, wird das Geld doch immer weniger. Er hat wohl ein allzu gutes Herz, nimmt Bettler auf oder läßt die Kleinbauern allzu lange anschreiben – kurzum, das Geld im Haus wird knapp, immer schwieriger wird es für François, den Pachtzins für die Mühle zu zahlen …

Der Müller macht Konkurs

Im Jahr 1854, als Bernadette zehn Jahre alt ist, und im fernen Rom Papst Pius IX. das Dogma von der Unbefleckten Empfängnis verkündet – muß Vater Soubirous zusammen mit seiner Familie wegen Zahlungsunfähigkeit endgültig die Mühle Boly verlassen – und Bernadette verliert damit das Haus ihrer ersten Kindheitsjahre. Für die Eltern Soubirous wird es ein bitterer sozialer Abstieg: Einst war er angesehener Müller, und jetzt plötzlich muß er sich als Taglöhner und Hilfsarbeiter verdingen. Nur 1,20 Francs erhält der Mann für seiner Hände Arbeit, und damit soll er außer seiner Frau noch vier Kinder ernähren – denn mittlerweile sind als Bernadettes Geschwister noch Toinette (geboren 1846), Jean-Marie (Geburtsjahr 1851) sowie Justin (geboren 1855) auf die Welt gekommen.

Um die Haushaltskasse ein wenig aufzubessern, hat inzwischen auch die Mutter, Louise Soubirous, eine Arbeit angenommen: Sie hilft fremden Leuten im Haushalt, bei der Wäsche oder auf dem Feld. Kein leichtes Leben für eine vielbeschäftigte Mutter von vier kleinen Kindern … Doch Bernadette packt kräftig mit an, paßt auf ihren kleinen Bruder Justin auf, und um den kargen Lebensunterhalt der Familie aufzubessern, zieht sie manchmal mit ihrer Schwester Toinette in das Städtchen, um alte Knochen, Holz oder Alteisen zu sammeln. Die Lumpensammlerin Letchina de

Vorhergehende Doppelseite: Zimmer im Hause von Bernadettes Amme in Bartrès, 3 km von Lourdes entfernt, mit Einrichtungsgegenständen aus der Zeit (Juni 1857 bis Januar 1858), in der Bernadette als Hirtenmädchen hier lebte.

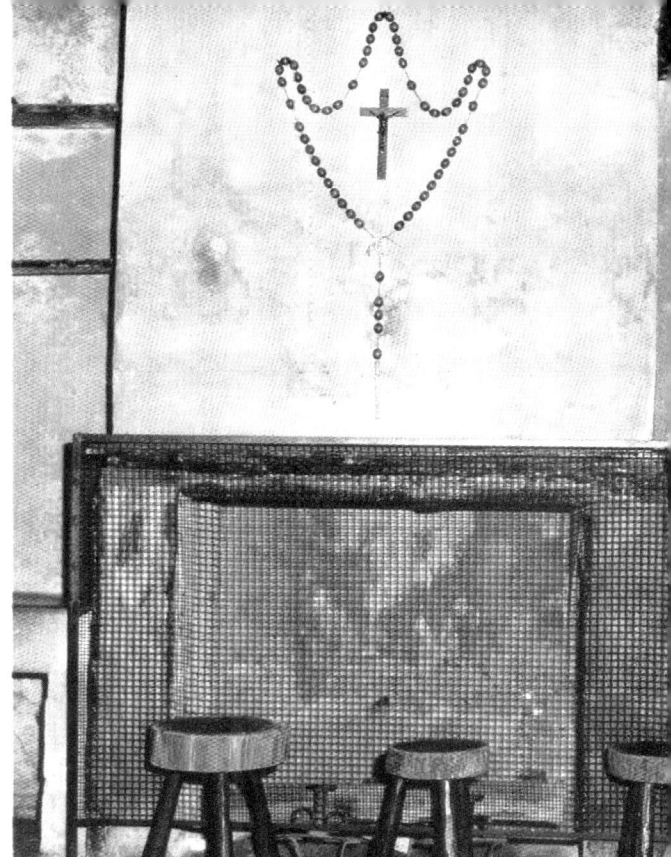

Links: Eingang in den sogenannten »Cachot«, einem armseligen Zimmer von der Größe 3,70 × 4,40 m, in dem die Familie Soubirous vom Mai 1856 an Unterkunft fand. Hier lebte auch Bernadette während des Jahres ihrer achtzehn Marienerscheinungen 1858.
Rechts: Inneres des Cachot, einer unbewohnten Zelle des ehemaligen Gefängnisses in Lourdes: In diesem knapp 16 qm großen Raum lebte seit 1855 die ganze Familie Soubirous.

Barráou kauft den Kindern solche Sachen für einige Sous – das sind alte französische Pfennige – ab, um sie anschließend dem Lumpenhändler Casteret weiterzuverkaufen. – Natürlich kommt es unter solchen Lebensumständen nicht in Frage, daß Bernadette oder die anderen Geschwister eine Schule besuchen – und eine allgemeine Schulpflicht hat es ja damals noch nicht gegeben. Das karge Leben und die hohe Kindersterblichkeit jener Zeit führen dazu, daß von den neun Kindern – die Mutter Soubirous zur Welt bringt – fünf bereits in frühen Jahren sterben. Und im Jahr 1855 kommt eine entsetzliche Katastrophe auf die Bevölkerung von Lourdes zu: Eine Cholera-Epidemie bricht aus, innerhalb weniger Tage sterben Dutzende von Bewohnern des Pyrenäenortes. Bernadette wird von der Cholera zwar verschont, ihr Gesundheitszustand – der sowieso schon recht angegriffen ist – verschlechtert sich aber immer mehr, ein starkes Asthma befällt das Mädchen.

Eine kleine Erbschaft von 900 Francs ermuntert Vater Soubirous dazu, wieder sein Glück mit einer Mühle und ein paar Haustieren zu versuchen. Diesmal pachtet er die Mühle Sarrabeyrouse bei Echez im Dorf Arcizac-ès-Angles, etwa vier Kilome-

Oben: Taufstein in der heutigen Pfarrkirche von Lourdes: Dieser stand ursprünglich in der alten, dem Apostel Petrus geweihten Pfarrkirche von Lourdes, die 1903 abgebrochen und durch die heutige Pfarrkirche ersetzt wurde.
Rechts: Versteckt zwischen den Häusern des Städtchens Lourdes liegt die ehemalige Mühle Lacadé, in der die Familie Soubirous vom Jahr 1863 an lebte.

ter von Lourdes entfernt. Doch das Glück ist nur von kurzer Dauer, der kommerziell unerfahrene Familienvater hat sich bald wieder finanziell übernommen, und schon nach einem Jahr muß er die Mühle wieder aufgeben. Bernadette erinnert sich später an diese harten Jahre, als sie bitter bemerkt, daß es für die Familie „zu viele Mäuler zu stopfen gab". Also beschließen die Eltern schweren Herzens, sich von einer „Mitesserin" zu trennen und sie „auf Stellung" zu schicken. Bernadette beginnt bei ihrer Patin und Tante Bernarde als Bedienstete, und zwar sowohl im Haushalt wie auch in der kleinen Wirtschaft, die die Tante von ihrem ersten Mann geerbt hat.

Bernadette hat bei ihrer Arbeitgeberin außerdem auf die kleinen Neffen aufzupassen, sich um die Wäsche zu kümmern, Flickarbeiten zu machen, zu schneidern und die Gäste an der Schenke zu bedienen. Immerhin ist das Mädchen erst elfeinhalb Jahre alt, und schon früh lernt sie aus bitterer Not die Kinderarbeit kennen; unbeschwertes Spielen wie bei ihren Altersgenossinnen aus wohlhabenden Familien ist ihr verwehrt.

Für die Familie Soubirous, die inzwischen in das ärmliche Haus eines gewissen

30

MAISON PATERNELLE DE Ste BERNADET

Herrn Rives gezogen war, war die Misere noch nicht zu Ende, im Gegenteil, es ging unaufhaltsam abwärts. Der Hausbesitzer hat die Familie ein Jahr nach Bernadettes Fortgang einfach aus der Wohnung geworfen, weil die Eltern als Arbeitslose die Miete nicht mehr zahlen konnten. Als Pfand für die Miete behält er sogar noch einen Schrank der Verarmten zurück, die im Moment nicht wissen, wo sie mit den drei Kindern bleiben sollen. Als letzte Möglichkeit – niemand in Lourdes will die zahlungsunfähigen Soubirous' in seinem Haus haben – bleibt der Familie nur mehr ein elendes Loch, der sogenannte „Cachot": Es handelt sich dabei um die unbewohnbare Zelle des ehemaligen Gefängnisses von Lourdes, in dem es ständig feucht ist und nach Exkrementen stinkt. Ein Vetter von François Soubirous ist Besitzer des Gebäudes, in dem der „Cachot" liegt – und was bleibt dem armen Familienvater übrig, als dieses miserable Quartier zu nehmen? Immerhin muß er wenigstens hier keine Miete bezahlen, und besser als Obdachlosigkeit ist es immer noch … Vorher hatten – ebenfalls bitterarm – spanische Einwanderer in diesem Loch gehaust. Und nun muß die ehemalige Müllerfamilie Soubirous in diesem düsteren, nur 3,70 mal 4,40 Meter kleinen, ungezieferverseuchten Zimmer leben – kaum glaublich, daß hierin die zwei Betten für die fünf Familienmitglieder, ein Tisch und zwei Stühle Platz gefunden haben, für die Kinder außerdem ein paar Schemel.

Doch das Unglück geht weiter: Zu allem Überfluß bricht Ende des Jahres 1856 in dieser Gegend eine arge Hungersnot – bedingt durch die miserable Getreideernte – aus. Eine Pilzkrankheit hat darüber hinaus, nun schon im dritten Jahr, sämtliche Rebstöcke befallen, so daß es auch keinen stärkenden Wein mehr gibt. Voller Verzweiflung sendet der Generalstaatsanwalt von der nächsten größeren Stadt namens Pau einen alarmierenden Bericht an die Regierung im fernen Paris, in dem er die drohende Hungerskatastrophe schildert. Die armen Schichten der Region haben zu wenig Geld, um das immer teurer werdende Getreide zu kaufen, und im Cachot versucht die Mutter ihr Bestes, ein paar Wassersuppen zu kochen, in die einige Kräuter geworfen werden … Und eine Bürgerin von Lourdes hat sogar eines Abends Jean-Marie, Bernadettes kleinen Bruder, in der Kirche dabei beobachtet, wie der arme, hungrige Bub die Wachsreste von den Altarkerzen aufißt.

Doch wer jetzt glaubt, daß die Unglückssträhne in der Familie Soubirous damit zu Ende ist, der irrt sich: Ende März des folgenden Jahres – 1857 – erscheint plötzlich die Polizei im Cachot, um den Vater François Soubirous zu verhaften. Wie ein Übeltäter wird er abgeführt, und man sagt ihm, daß dem Bäcker Maisongrosse in der Nacht zuvor zwei Säcke voll Mehl gestohlen worden seien und daß man ihn, den ehemaligen Müller, schwer in Verdacht habe. Zu allem Unglück kommt damit auch noch die Schande über die zwar arme, aber bislang ehrbare Familie …

Der Bäcker kann dem Vater zwar nichts beweisen, aber „die Armut der Familie läßt mich glauben, daß Herr Soubirous der Dieb gewesen ist", gibt er dem Staatsanwalt zu Protokoll. Und der läßt sich tatsächlich von dieser Argumentation beeindrucken und François Soubirous – obwohl nicht einmal die gefundenen Fußabdrücke mit dessen Stiefelgröße übereinstimmen – für einige Tage ins Gefängnis werfen. Nur „aus menschlichen Gründen" wird der Mann nach einer Woche Untersuchungshaft entlassen, und zwar nur „aus Mangel an Beweisen". Ein reicher Bürger wäre damals sicher nicht in Verdacht geraten und hätte sich mit einem teuren Anwalt so eine Schande ersparen können. Das Ansehen der Familie Soubirous in Lourdes ist auf einen absoluten Tiefpunkt gesunken, die Leute nennen den verarmten Müller inzwischen einen „untauglichen Faulpelz". – Der einzige Trost für Vater François bleibt seine Frau Louise, die tapfer zu ihm hält, und die gemeinsame, einfache, aber tiefe Religiosität.

Daß Bernadette keinerlei Schulbildung in diesen Jahren erfahren konnte, haben wir schon erwähnt. Ende 1857 hat das Mädchen ihre einstige Amme und Pflegemutter Marie Laguës auf dem Hügelland von Bartrès aufgesucht, um in deren kleinem landwirtschaftlichen Anwesen zu arbeiten. Bernadette hat die Schafe zu hüten und auf das Kind aufzupassen – da bleibt ihr als „Dienstmagd für alles" wenig Zeit für andere Dinge. So zum Beispiel für den erhofften Katechismus-Unterricht, den ihr Frau Laguës eigentlich versprochen hatte. Der Geistliche Abbé Ader, der Pfarrverweser von Bartrès, hatte ihn den Dorfkindern erteilt, doch Bernadette kann wegen ihrer zu betreuenden Schafherde nicht weg. Als Schäferin entwickelt Bernadette eine große Tierliebe: Sie spielt mit ihrem Hüterhund namens Pigou und den Lämmern, und gelegentlich baut sie in kindlicher Verspieltheit auch kleine Marienaltäre auf dem Feld auf, die von mutwilligen Schafen aber immer wieder umgerannt werden. Trotz allem fühlt sich Bernadette recht einsam, und nur manchmal kommt ihr Vater – wie zu früheren Zeiten – zu Besuch.

Um das schlechte Gewissen wegen des gebrochenen Versprechens mit dem Katechismusunterricht zu beruhigen, beschließt Frau Laguës, Bernadette kurzerhand selbst zu unterrichten. Doch das Ergebnis ist kläglich: Die strenge Frau hat keinerlei pädagogische Fähigkeiten und kann dem verschreckten Mädchen immer nur wieder eintrichtern, sie solle gefälligst die vorgesagten Sätze wiederholen und dadurch auswendig lernen. Doch Bernadette versteht nicht immer, was die Frau ihr vorliest, und schließlich reißt dieser der Geduldsfaden, sie schleudert den Katechismus quer durch ihr Zimmer und ruft: „Du bist ja viel zu dumm für das alles, Bernadette, du wirst darum niemals zur ersten Kommunion gehen können!" Dieser letzte Satz hat das Mädchen besonders arg getroffen, denn – obwohl sie mittlerweile schon fast 14 Jahre alt ist, war sie noch nie am Tisch des Herrn wie alle ihre Altersgenossinnen. Und besonders hart trifft es Bernadette auch, daß mittlerweile Abbé Ader, zu dem sie wegen des Katechismusunterrichts ja irgendwann kommen wollte, den Ort verließ und in ein Benediktinerkloster eintrat. Bald darauf entschließt sich Bernadette, das Anwesen der Amme in Bartrès zu verlassen und wieder ins armselige Elternhaus, den „Cachot", zurückzukehren.

Wieder daheim …

Im Cachot begegnet Bernadette zwar wieder den elenden, dunklen, feuchten und stinkenden Lebensumständen – aber sie ist wieder im Schoß ihrer Familie, die durch keine Luxusvilla und kein Wohlleben zu ersetzen ist. Außerdem erhält sie in diesen Januartagen des Jahres 1858 eine beglückende Nachricht: Der Pfarrer von Lourdes hat ihr versprochen, daß sie endlich die erste Heilige Kommunion empfangen darf!

Endlich kann sie am langersehnten Katechismus-Unterricht teilnehmen, der damals für Bernadette die einzige Bildungschance war – sie konnte ja zu diesem Zeitpunkt weder lesen noch schreiben. In ihrer Heimatpfarrei besucht sie später die Schule der Barmherzigen Schwestern, die aus dem entfernten Nevers kommen, und am 3. Juni ist es endlich soweit – Bernadette empfängt ihre erste heilige Kommunion aus den Händen des Pfarrers Peyramale in der Kapelle des Hospiz der Nevers-Schwestern in Lourdes.

Knapp ein Monat war vergangen, seit Bernadette ihre 17. Marienerscheinung in der Grotte von Massabielle am 7. April gehabt hatte – jetzt also ist endlich ihr Herzenswunsch in Erfüllung gegangen. Einen Tag nach der Erstkommunion wird das Mädchen von Emmanuélite Estrade aus Lourdes gefragt: „Was hat dich eigentlich glücklicher gemacht, die erste heilige Kommunion oder die Erscheinungen der Unbefleckten Empfängnis?" Und Bernadette antwortet ohne Zögern, daß „diese beiden Dinge zusammengehören, ohne daß man sie vergleichen kann. Ich war bei beiden glücklich." Ohne die theologische Bedeutung dieses Satzes zu ahnen, hat Bernadette damit genau ausgesprochen, was auch die Lehrmeinung der Kirche ist: daß nämlich die Verehrung der Gottesmutter nicht die Anbetung der Eucharistie in den Hintergrund drängen darf, vielmehr ist „Maria immer die Straße, die zu Christus führt", wie es der verstorbene Papst Paul VI. einmal ausgedrückt hat. Und der amtierende Papst Johannes Paul II. hat diesen Sachverhalt bei seiner Pilgerreise nach Lourdes am 14. August 1983 in folgende Worte gekleidet: „In Lourdes gibt es eine besondere Gnade. Hier betet man gern. Hier versöhnt man sich gern mit Gott. Hier verehrt man gern die Eucharistie. Hier finden die Armen, die Kranken ihren Ehrenplatz. Lourdes ist in Wahrheit ein außerordentlicher Ort der Gnade ...". Doch mit diesem Zitat des Heiligen Vaters sind wir der Zeit bereits um mehr als ein Jahrhundert vorausgeeilt und haben überaus viele und wichtige Dinge kurzerhand übersprungen, von denen in den kommenden Kapiteln noch zu sprechen sein wird. Zum Beispiel die wunderbaren Vorkommnisse an der Quelle der Grotte, das weitere Leben der kleinen Bernadette – die ja, wie es die Erscheinung ihr geoffenbart hat, nicht im Diesseits, aber im Jenseits glücklich werden soll. Und die vielen schlimmen Krankheiten, die das Mädchen durchstehen muß, sprechen bald eine deutliche Sprache.

Doch kehren wir zurück ins Lourdes des 19. Jahrhunderts, genauer in das Jahr 1858, den 16. Juli: Zum letzten Mal ist Maria – wie wir gehört haben – der Müllerstochter und dem Hirtenmädchen Bernadette Soubirous erschienen. Wenige Tage später, am 28. Juli, setzt der Bischof Laurence von Tarbes – der auch für Lourdes zuständig ist – eine wissenschaftliche Kommission ein, die endlich Licht in die ungewöhnlichen Geschehnisse, „Zukommnisse" oder „Widerfahrnisse" – wie sie der moderne Theologieprofessor Alfred Läpple heute nennt – bringen soll. Die Verhöre Bernadettes, über die wir noch ausführlich lesen werden, dauern an, und die offiziellen Untersuchungen ziehen sich vier Jahre hin.

Und mit dem Jahr 1860, in dem Bernadette bei den Spitalschwestern von Lourdes als Schülerin und Haushilfe aufgenommen wird, können wir das Kapitel „Kindheit der Bernadette" abschließen.

Die Botschaft der Gottesmutter an Bernadette

Am 8. Dezember des Jahres 1854 hat der damalige Papst Pius IX. folgende Glaubenswahrheit verbindlich verkünden lassen: „Die Lehre, daß die seligste Jungfrau Maria im ersten Augenblick ihrer Empfängnis durch einzigartiges Gnadengeschenk und Vorrecht des allmächtigen Gottes, im Hinblick auf die Verdienste Christi Jesu,

Gemälde der Bernadette. Betend vor der Grotte von Massabielle.

des Erlösers des Menschengeschlechts, von jedem Fehl der Erbsünde rein bewahrt blieb, ist von Gott geoffenbart und deshalb von allen Gläubigen fest und standhaft zu glauben." Dieses Dogma mit seinem theologischen Tiefgang ist für die Gläubigen unserer Zeit schwierig zu begreifen, noch schwerer hatten es die Zeitgenossen Bernadettes im vorigen Jahrhundert, weil der Bildungsstand mangels allgemein vorgeschriebener Schulen nicht besonders hoch war – was die breiten Bevölkerungsschichten betraf. Höchstens die Kinder wohlhabender Eltern und vor allem der Adel konnten es sich leisten, Privatlehrer zu bezahlen oder teure Schulen zu besuchen. Kinder waren damals – wie wir ja auch bei Bernadette gesehen haben – in erster Linie unverzichtbare Arbeitskräfte, das Lernen war sozusagen ein ‚Luxus'.

Soviel nur als Einleitung zu der Frage, ob Bernadette womöglich das Mysterium einer ‚Unbefleckten Empfängnis' gekannt hatte. Als anfängliche Analphabetin bezog Bernadette ihr religiöses Wissen ausschließlich von Predigten, auswendig gelernten Gebeten und dem kärglichen Katechismus-„Unterricht", den ihr die Amme mühsam zu erteilen versucht hatte. Wir können davon ausgehen, daß Bernadette wirklich in aller Herzensunschuld die Selbstoffenbarung der „schönen Dame" als „Immaculada Councepciou" in keiner Weise begriffen hat und dies für sie schwere Wort lediglich mit Mühe wiederholen konnte, um es überhaupt bis zum Pfarrhaus zu behalten.

Im Jahr 1876, in dem sie auf Geheiß der Geistlichkeit einen Brief an den Heiligen Stuhl entwirft, gesteht Bernadette auch ganz offen: „Ich wußte damals nicht, was das Wort ‚unbefleckte Empfängnis' bedeutet." Um so erstaunter war ja auch der Abbé – und letztlich ließ er sich von dieser Aussage Bernadettes tief innen von der Echtheit der Erscheinungen überzeugen –, als er diese für das Mädchen so ungewohnten, schwierigen Worte hörte. Für die Kirche war diese Botschaft der Erscheinung überaus wichtig und nicht nur eine sinnvolle Ergänzung, sondern geradezu eine Bestätigung und ein Beweis für die päpstliche Erklärung von der ‚Unbefleckten Empfängnis'. Der Himmel selbst hat in den Augen der Mitmenschen Bernadettes ein Zeichen gesetzt und diesen Glaubenssatz bestätigt, indem die Erscheinung sich selbst diesen Namen gegeben hat. Jetzt endlich wird es den verstandesmäßig vielleicht arg strapazierten Gläubigen erstmals so recht in ihr Bewußtsein gedrungen sein, daß Maria bereits von Anfang an (– nicht erst seit ihrer Geburt, sondern vom Zeitpunkt an, in dem sie empfangen wurde –) durch einen einzigartigen Gnadenakt von der Erbsünde verschont geblieben ist. Alle anderen Menschen sind ja seit Adams Zeiten mit dem Makel einer Erbschuld behaftet, die erst durch den Opfertod Christi getilgt werden kann – und nur durch den allmächtigen Gott war für Maria diese Ausnahme möglich, um es vereinfacht auszudrücken. Und vor diesem Hintergrund hat es besondere Bedeutung gewonnen, daß dieser komplizierte Glaubenssatz nun von völlig unerwarteter Seite, nämlich durch die Erscheinungen bei einem Hirtenkind und einer Müllerstochter in einem Pyrenäenstädtchen – so einsichtig und offenbar bestätigt worden ist.

Bernadette im Kreuzfeuer

Die Erscheinungen in der Grotte von Massabielle haben Bernadette das Leben in keiner Weise erleichtert, im Gegenteil. Das bescheidene, zurückhaltende 14jährige Mädchen stand nun plötzlich im Scheinwerferlicht der Öffentlichkeit, wurde von Vertrauten und Fremden bestürmt und hatte keine ruhige Minute mehr. Kaum ging sie auf die Straße, wurde sie von Neugierigen und Schaulustigen umringt, die sie berühren wollten, die ihr einen Rosenkranz hinhielten – damit sie ihn anfassen und sozusagen „veredeln" möge –; kurzum, Bernadette hatte den Rummel um ihre Person gehörig satt und wünschte sich sehnlichst ihre innere Ruhe wieder.

Die aber war ihr noch lange nicht gegönnt: Noch bevor die letzte Erscheinung stattgefunden hatte, wurde das Mädchen kritischen Verhören unterzogen. Die Kirche – die ebenfalls kein Aufsehen wünschte – fragt sie bohrend aus und traut zunächst dem ungebildeten Hirtenmädchen nicht. Außerdem will die Geistlichkeit keinen Ärger mit dem Staat und jeden Ansatzpunkt vermeiden, mit dem sie dem Spott und der Lächerlichkeit der Freigeister ausgeliefert werden könnte.

Und der Staat, der zu jener Zeit antikirchlich und antireligiös in Frankreich eingestellt ist, läßt nur die „Vernunft" gelten und schließt irgendwelche Wunder von vornherein aus ...

Bernadette hat es also nicht leicht, sich gegenüber den rednerisch geübten, zunächst skeptischen Geistlichen oder gegenüber der strengen, staatlichen Obrigkeit zu behaupten. Trotzdem hält sie zum nicht geringen Erstaunen aller getreulich an ihren Visionen fest und ist auch durch die geschicktesten, raffiniertesten Fangfragen nicht von ihren geradlinigen, schlichten Aussagen abzubringen.

Zum Beispiel beim Verhör vor dem kaiserlichen Staatsanwalt, dem Appelationsgerichtsrat Dutour, das ein Zeitgenosse Bernadettes – der Franzose Jean B. Estrade – später in seinen Erinnerungen schildert: „Mein armes Kind, die Dame existiert doch überhaupt nicht", redet der Staatsanwalt Bernadette an, „das ist doch eine reine Einbildung von dir!" Doch das Mädchen kontert: „Als die Frau das erste Mal erschien, habe ich das auch geglaubt und mir die Augen gerieben. Heute aber bin ich überzeugt, daß ich mich nicht irre, weil ich sie öfters gesehen habe und weil sie mit mir gesprochen hat!" – „Hör zu, Bernadette. Die Schwestern des Hospizes lügen nicht. Sie werden dir erklären, daß das alles nur Illusionen sind", versucht der Staatsanwalt weiter, das Mädchen zu verunsichern. Doch dieses sagt einfach: „Wenn die Schwestern das sehen würden, was ich sehe, dann würden auch sie glauben, wie ich es tue." Bernadette solle auf der Hut sein, fährt der Anwalt fort, „schon erzählt man nämlich, daß sich du und die Deinen heimlich Geschenke machen lassen!"

Dieser Satz mußte Bernadette besonders reizen und erbosen, da sie immer wieder konsequent auch die geringsten Gaben kategorisch abgelehnt und dasselbe auch von ihrer Familie verlangt hatte. Reich ist die Familie Soubirous durch die Erscheinun-

Oben: Handschriftliche Aufzeichnungen Bernadettes. Behutsam wie eine Volksschülerin hat Bernadette die einzelnen Buchstaben geschrieben. Manches Wort ist von ihr eingefügt oder verbessert.
Rechts: Glockenturm der dem heiligsten Herzen Jesu geweihten Pfarrkirche von Lourdes. Auf der linken Seite des kleinen Vorplatzes befindet sich das Denkmal mit der Statue des Abbé Peyramale (1811–1877), Beichtvater von Bernadette.

gen ganz und gar nicht geworden, denn niemand von ihnen wollte sich der Geschäftemacherei bezichtigen lassen. Also antwortet Bernadette ganz ruhig und selbstverständlich auf die provozierenden Vorwürfe: „Wir erhalten von niemandem etwas." Aber sie sei doch erst gestern zu einer Frau in Lourdes gegangen und habe Süßigkeiten von ihr bekommen, versucht es Dutour nochmals. „Ja, das stimmt. Aber ich habe von der Madame lediglich ein Glas Zuckerwasser bekommen, um mein Asthma zu lindern", sagt Bernadette entwaffnend. „Dein Verhalten an der Grotte ist jedenfalls ein Skandal. Du bringst alle Leute in Unruhe und Bewegung, das muß aufhören. Versprichst du mir, nie mehr nach Massabielle zu gehen?", hakt der Mann nach. Doch das Mädchen antwortet mutig: „Mein Herr, das verspreche ich nicht." Denn wir wissen, daß sie von der Erscheinung ja aufgefordert worden war, vierzehn Tage hintereinander zu kommen, da konnte Bernadette doch nicht einem Staatsanwalt – und wenn der noch so streng war – solch ein Versprechen abgeben!

Nicht besser ist es dem Polizeikommissar Jacomet von Lourdes ergangen, als er Bernadette zum Verhör vorgeladen hatte. Monsieur Estrade war bei diesem Gespräch zugegen und schrieb den Wortlaut auf: „Wie alt bist du?", fängt er an und lächelt bei der Antwort „14 Jahre", – denn Bernadette sah damals kindlicher und jünger aus, als sie tatsächlich war. „Und was machst du die ganze Zeit?" „Ich gehe in die

Schule, um den Katechismus zu lernen", sagt das Mädchen. „Und nach der Schule passe ich auf meine jüngeren Geschwister auf." Und zu den Ereignissen in Massabielle kommend, fragt Jacomet: „Wer ist denn die Dame, die du gesehen hast. Kennst du sie?" „Nein", sagt Bernadette. „Du hast gesagt, sie sei schön. Wie schön ist sie denn?", forscht der Kommissar nach. „O, mein Herr, sie ist schöner als alle Damen, denen ich bisher begegnet bin", entgegnet Bernadette. „Na, ist sie so schön wie Madame Pailhasson oder vielleicht wie Mademoiselle Dufo?", fragt der Polizist lauernd und erwähnt dabei die Namen von zwei stadtbekannten Schönheiten. Doch zu seinem Erstaunen antwortet Bernadette ruhig: „Diese beiden Genannten können der Dame, von der ich spreche, nicht das Wasser reichen …" Schließlich versucht er es mit Fangfragen: „Du hast vorher gesagt, die Jungfrau hat dich angelächelt", hält er dem Mädchen das Protokoll vor. „Nein, das ist falsch, ich habe nie von ‚der Jungfrau' gesprochen!", berichtigt ihn Bernadette und weigert sich schließlich, auf solche ‚Spielchen' einzugehen, die der Kommissar noch mehrmals versucht. „Aber Monsieur, sie haben ja alles geändert!", beschwert sich Bernadette, als der Polizist ihr bewußt falsche Aussagen vorhält. Schließlich verliert Jacomet die Geduld und schreit das Mädchen an: „Du Lügnerin, dir macht es wohl Spaß, daß dir alle Welt nachläuft!", ruft er unbeherrscht. Doch Bernadette bleibt kühl und stellt lediglich fest, daß sie ja zu niemandem sage, daß er zur Grotte gehen solle. „Dir gefällt es wohl, dich so aufzuspielen?!", schimpft der Kommissar schließlich, doch sein Gegenüber sagt nur: „Nein, ich bin es leid." – „Gib zu, daß du nichts gesehen hast!", beginnt er jetzt mit dem Gefängnis zu drohen, aber Bernadette bleibt fest: „Monsieur, ich habe aber gesehen. Ich kann nichts anderes sagen."

Bernadette bleibt sich selbst treu

Nicht viel besser ergeht es Bernadette bei den Befragungen durch die Priester, die dem Ganzen zunächst mit einem gesunden Mißtrauen begegnen. Denn hysterische Wichtigtuer und angebliche Visionäre hat es zu jeder Zeit in großer Zahl gegeben, und die Kirche hat keine leichte Aufgabe, wenn sie hier die Spreu vom Weizen trennen will. Der zuständige Ortspfarrer, Abbé Peyramale, ist also auch alles andere als erbaut, als er so plötzlich eine Menschenmenge nach Massabielle pilgern sieht. Der offizielle Meinungsbildungsprozeß ist erst am Anfang, als Bernadette dem Priester die Botschaft überbringt, man solle eine Kapelle bauen und Prozessionen veranstalten. „Bist du das Mädchen, das immer zur Grotte geht?", fährt der Abbé das Mädchen unwirsch an, als es diese Bitten vorträgt. „Ja, Herr Pfarrer". „Und du behauptest also, die allerseligste Jungfrau zu sehen?" Nein, das habe sie nie gesagt. „Ja also, wer ist denn dann diese Dame?" „Das weiß ich nicht…"

Mehrere geistliche Herren versuchen in der Folgezeit, Bernadette „auf den Zahn" zu fühlen. Am 30. Juli etwa unterzieht sie der berühmte Kanzelredner Pater Hyacinthe Loison einem regelrechten Verhör, von dem aber nichts überliefert ist. Der Jesuit Pater Nègre S. J. will ihr mit allen rethorischen Raffinessen einreden, daß sie „den Teufel" gesehen habe, aber Bernadette antwortet ohne Befangenheit, daß „der Teufel nicht so schön wie diese Dame ist". Im Glauben, daß Satan vielleicht tierische Attribute angenommen haben könnte, sagt der Jesuit triumphierend: „Aber du hast ihre Füße nicht gesehen, ihre Füße waren verdeckt!" „Doch", bekräftigt Bernadette, „ich habe sie gesehen; sie hatte nackte, sehr hübsche Füße!" – Um diese Zeit hat sich übrigens die Bevölkerung von Lourdes sehr über die behördliche Anordnung erbost, den Zugang zur Grotte mit einer Sperre zu schließen. Das Land Frankreich jener Zeit ist zwar alles andere als kirchenfreundlich oder klerikal zu nennen, aber trotzdem hat sich Seine Majestät, der Kaiser Napoléon III. – der sich um diese Zeit zur Kur im Meeresbad Biarritz aufhält –, dazu herabgelassen, die Absperrung von Massabielle höchstpersönlich wieder aufzuheben. Übrigens auf die Bitten seiner Gemahlin hin, der Kaiserin Eugénie, die ihren Gatten inständig darum ersucht hat, wie man später erfährt. Das Kaiserpaar soll daraufhin in der Achtung der Bürger von Lourdes beträchtlich gestiegen sein ...

Der Bischof bildet eine Kommission

Doch zurück zu den Verhören, denen Bernadette immer wieder ausgesetzt war: Am 17. November im Erscheinungsjahr wird Bernadette dem ersten offiziellen Verhör durch die bischöfliche Kommission unterzogen. Die Amtskirche kann die Vorfälle nicht länger tatenlos mit ansehen, sie braucht Klarheit, um ihre zum Teil verunsicherten Gläubigen auf dem rechten Weg zu halten und keine Irrlehren aufkommen zu lassen. Ohne Zögern berichtet Bernadette schlicht und überzeugend, was sie wahrgenommen und erlebt hat; nur einige Daten hat sie – was menschlich durchaus wahrscheinlich und verständlich ist – vergessen. Das Verhör bringt in dieser Hinsicht nicht viel Neues, sondern bestätigt die Fakten, die das Mädchen auf Befragungen immer und immer wieder unverfälscht geschildert hat.

Die weltliche Seite war in der Zwischenzeit übrigens auch nicht untätig gewesen: Außer den Genannten hatte auch Bürgermeister Lacade von Lourdes seine Beobachtungen und Kenntnisse über die „Vorfälle" seiner übergeordneten Dienststelle, dem Präfekten Graf Massy in der Nachbarstadt Tarbes, mitgeteilt. Und ein diensteifriger Lehrer namens Clarens aus Lourdes hatte ebenfalls einen Bericht über das Ganze mit seinen persönlichen Eindrücken nach Tarbes gesandt. Mittlerweile war auch der Kultusminister in der Hauptstadt durch die Meldungen des Präfekten aufgeschreckt worden und schrieb nach Tarbes zurück: „Ich bin der Ansicht, daß mit dieser Sache Schluß gemacht werden muß, weil sie dazu angetan erscheint, den Katholizismus zu kompromittieren und die religiösen Gefühle der Bevölkerung zu beleidigen", schrieb der Minister und riet dem Präfekten Graf Massy, er solle sich doch mit dem zuständigen Bischof von Tarbes in Verbindung setzen.

Dieser Bischof Laurence – der übrigens 1870 in Rom während des Vatikanischen Konzils starb – war ein großer Marienverehrer, was ihn aber nicht daran hinderte, „kühlen Verstand und praktischen Sinn" – wie es Zeitgenossen an ihm beobachtet haben – zu bewahren. „Entweder sind die Erscheinungen in Lourdes echt und verdienen anerkannt zu werden, oder sie sind falsch und müssen verworfen werden", sagt der Präfekt klipp und klar, als er beim Bischof vorspricht. „Sollten Sie der Meinung sein, die Erscheinungen seien übernatürlichen Charakters, so erklären Sie das

Oben: Im Museum von Nevers: Das sogenannte »blaue Porträt« Bernadettes von Du Roure, eine Fotographie des Bischofs Forcade, vor dem Bernadette als Schwester Marie-Bernard am 30. Oktober 1867 in Nevers ihre Ordensgelübde ablegte, und handschriftliche Aufzeichnungen Bernadettes.
Rechts: Gekrönte Marienstatue in der Grünanlage des Rosenkranzplatzes.

in aller Öffentlichkeit", appelliert Graf Massy an Bischof Laurence, denn „die ganze Gegend ist in Aufregung. Und wenn nicht in kürzester Zeit eine Entscheidung durch die bischöfliche Autorität fällt, so sind bedauerliche Auseinandersetzungen zu befürchten". Bischof Laurence aber läßt sich von dem Drängen des Präfekten nicht beeinflussen, da ihm der Zeitraum zu einer gewissenhaften Überprüfung der ganzen Angelegenheit als viel zu kurz erscheint: „Es ist meine Pflicht als Bischof, mich mit jedem persönlichen Urteil zurückzuhalten, bis die Vorsehung Gottes der Wahrheit zum Siege verhilft", erklärt er unmißverständlich und fügt hinzu: „Wenn Sie es für richtig halten, unterrichten Sie den Herrn Kultusminister von diesen meinen Worten."

Der französische Autor René Laurentin, ein katholischer Priester und Theologieprofessor, hat die Geschichte von Lourdes in einem 25bändigen Werk dokumentiert. Er gilt als einer der besten und gewissenhaftesten Kenner dieser Materie und betont, daß Bernadette um diese Zeit der öffentlichen Unklarheit und der Verhöre sozusa-

gen „ein Leben an vier Fronten" geführt habe: „Sie arbeitete ganztägig, um Geld für die Familie mitzuverdienen, als Kindermädchen bei Armantine Grenier. Zweitens hilft sie im Haus und geht ihren Pflichten als ‚Erbin', als Älteste nach, vor allem ihrer ungestümen Schwester Toinette gegenüber. Drittens versucht sie – da ihr regelmäßiger Schulbesuch verwehrt ist – dank der unentgeltlichen Stunden bei Augustine Tardhivail ihren Bildungsrückstand aufzuholen. Und viertens muß sie den vielen Besuchern Rede und Antwort stehen, die sie häufig daheim, im Pfarrhaus, im Krankenhaus oder in Privathäusern mit Fragen überschütten".

Ein wichtiges Verhör

Am 5. Februar 1860 erhält Bernadette das Sakrament der Firmung, am 15. Juli vollzieht sich ein großer Einschnitt in ihrem Leben: Sie wohnt als Schülerin im Schwesternhospiz und bekommt dort regelmäßig Unterricht, der ihre Bildungslücken schließen hilft und ihr das Schreiben und Lesen beibringt. Am 7. Dezember ist es soweit: Der Bischof von Tarbes, Monsignore Laurence, empfängt sie zu einem förmlichen Verhör. Zwölf Mitglieder der bischöflichen Kommission sitzen neben dem Oberhirten und ‚bombardieren' Bernadette wiederum mit Fragen …

„Hatte die Erscheinung einen Heiligenschein?", wollen sie wissen. „Sie war von einem sanften Licht umgeben", antwortet Bernadette. „Und dieses Licht tauchte zur gleichen Zeit wie die Frau auf?" – „Es erschien vorher und blieb noch ein wenig danach", wird geantwortet. – „Die Idee, daß du Kräuter verspeisen sollst, scheint mir der heiligen Jungfrau aber nicht würdig", wirft ein Mitglied ein. „Aber wir essen doch auch Salat", gibt das Mädchen unbeirrt zu bedenken.

13 Monate nach diesem letzten offiziellen Verhör wird in Tarbes ein Hirtenbrief veröffentlicht, der die Erscheinungen anerkennt: „Wir urteilen, daß die Unbefleckte Mutter Gottes Bernadette Soubirous wirklich erschienen ist", heißt es jetzt unmißverständlich. In diesem Hirtenbrief des Bischofs wird auch an das Dogma der Unbefleckten Empfängnis durch Papst Pius IX. anno 1854 erinnert. Der Hirtenbrief, der die Geschehnisse in der Grotte von Massabielle aus den Niederungen des Alltags heraushebt und ihnen himmlischen Charakter zugesteht, ist so bedeutsam, daß wir einige Sätze daraus zitieren wollen:

„Unter den himmlischen Erscheinungen nehmen jene der Allerheiligsten Jungfrau einen bedeutenden Platz ein und sind für die Welt eine Quelle des Segens geworden", betont Bertrand Sevère Laurence, durch „göttliche Barmherzigkeit und die Gnade des Heiligen Stuhles Bischof von Tarbes". Solche übernatürlichen Manifestationen habe es nicht ausschließlich im Urchristentum gegeben, heißt es sinngemäß, vielmehr „bestätigt die Geschichte, daß sie sich von Zeitalter zu Zeitalter fortgesetzt haben zum Ruhm der Religion und zur Erbauung der Gläubigen".

Um jedem Zweifel zu begegnen, unterstreicht der Bischof die Gewissenhaftigkeit der vierjährigen Untersuchungen: „Wir haben das Ereignis in allen Richtungen verfolgt und eine Kommission, die sich aus frommen, gebildeten und erfahrenen Priestern zusammensetzt, zu Rate gezogen." Auch die „Autorität der Wissenschaft" sei angerufen worden, und es habe sich in der Kommission die Überzeugung manifestiert, „daß die Erscheinung übernatürlich und göttlich ist und daß das, was Berna-dette gesehen hat, folgerichtig die Allerseligste Jungfrau ist".

In den folgenden Sätzen werden die „Ernsthaftigkeit, die Einfachheit, der Freimut und die Bescheidenheit" des Seherkindes herausgestrichen; „auf die verlockendsten Angebote hat sie mit größter Selbstlosigkeit geantwortet". Im übrigen habe man bei diesem jungen Mädchen „keine geistige Verwirrung, keine Verbildung der Sinne, keine Verschrobenheit des Charakters oder eine krankhafte Anfälligkeit für Phantasiegebilde feststellen können". Denn „sie hat gesehen; nicht nur einmal, sondern achtzehnmal".

„Sünder versöhnen sich mit Gott"

Und der Bischof fährt mit einer Beschreibung der Situation in Lourdes fort, die uns „Nachkömmlingen" einen guten Eindruck von den damaligen Geschehnissen gibt: „Die Erscheinungen haben aufgehört, aber die Bewegung bleibt; die Pilger drängen zur Grotte. Man sieht hier alle Altersklassen, Leute aller Schichten, aller Stände. Und von welcher Kraft werden die vielen Besucher getrieben? Sie kommen zur Grotte, um zu beten und Gnade von der Unbefleckten zu erbitten", schildert der Monsignore – eine Situation eigentlich, die heute in diesem Wallfahrtsort ebenso anzutreffen ist, nur daß sich das Heer der Gläubigen und Trostsuchenden inzwischen vervielfacht hat … – „Die Menschen beweisen durch ihre andächtige Haltung, daß dieser für alle Zeiten berühmt gewordene Felsen wie von einem göttlichen Atem belebt und umgeben ist. Seelen, die bereits christlich geworden waren, fühlten sich in der Tugend bestärkt. Menschen, die in der Liebe erkaltet waren, wurden zur tätigen Übung der Religion zurückgeführt. Hartnäckige Sünder versöhnten sich mit Gott, nachdem man zu ihrem Nutz und Frommen Unsere Liebe Frau von Lourdes angerufen hatte. Diese Gnadenbeweise, die den Stempel der Grenzenlosigkeit und der Dauer tragen, können nur Gott als Ursache haben. Bestätigen sie infolgedessen nicht die Wahrheit der Erscheinung?", konstatiert Laurence.

Er geht in den folgenden Sätzen auf die Wunder ein, die sich an der Quelle inzwischen ereignet haben und von denen wir noch sprechen werden. Unmißverständlich weist der Hirtenbrief darauf hin, daß hier der „Finger Gottes" am Werk gewesen sei; „Digitus Dei hic est", formuliert es der Lateiner. Infolgedessen sei die Erscheinung, die sich die „Unbefleckte Empfängnis" nannte, die Allerseligste Jungfrau gewesen.

Nicht ohne Stolz und Freude weist der Bischof von Tarbes nun darauf hin, daß das Heiligtum „am Fuß unserer pyrenäischen Berge" nach dem Willen und der Aussage der Gottesmutter errichtet werden solle. „Bewohner von Lourdes, freuet euch! Die erhabene Jungfrau geruht, ihre barmherzigen Blicke auf euch zu senken. Die Jungfrau will vom Heiligtum am Rand eurer Stadt aus ihre Wohltaten verteilen …"

Die Kirche bestätigt die Erscheinung

Angesichts des günstigen Berichts der Untersuchungskommission, der schriftlichen Bestätigung von den Doktoren, in Anbetracht der großen Zahl der Gläubigen – deren Ziel es ist, Hilfe zu erbitten oder für bereits erfahrene Gunst zu danken – und angesichts verschiedener anderer Faktoren „sind Wir zu dem Schluß gekommen und erklären folgendes":

1) Wir finden es rechtens, daß die Unbefleckte Jungfrau Maria, Mutter Gottes, der Bernadette Soubirous am 11. Februar 1858 und an den darauffolgenden Tagen, insgesamt achtzehnmal, in der Grotte von Massabielle, nächst der Stadt Lourdes, wirklich erschienen ist und daß diese Erscheinungen alle Eigenschaften der Wahrheit aufweisen, um die Gläubigen zu berechtigen, mit Gewißheit an sie zu glauben. – Wir unterbreiten unser Urteil demütig dem Heiligen Vater, der den Auftrag hat, die katholische Kirche zu lenken.

2) Wir gestatten in unserer Diözese die Verehrung Unserer Lieben Frau von der Grotte zu Lourdes, aber Wir verbieten jedwede Veröffentlichung besonderer Gebete, Gesänge oder Bücher, die sich auf dieses Ereignis beziehen, ohne daß Unsere schriftliche Zustimmung hierzu vorliegt.

3) Um dem Willen der Heiligen Jungfrau, den sie während der Erscheinungen mehrere Male kundgetan hat, zu entsprechen, nehmen Wir Uns vor, auf dem Gelände der Grotte, die Eigentum der Bischöfe von Tarbes geworden war, ein Heiligtum zu errichten. Dieser Bau wird in Anbetracht der schroffen und schwierigen Lage des Geländes langanhaltende Arbeiten und verhältnismäßig hohe Kosten erfordern. Daher benötigen Wir, um unser frommes Projekt zu verwirklichen, die Mithilfe der Gläubigen Frankreichs und des Auslandes. Wir rufen sie zur großzügigen Unterstützung auf und wenden Uns vor allem an die frommen Menschen aller Länder, die sich der Verehrung der Unbefleckten Empfängnis der Jungfrau Maria verpflichtet wissen.

4) Wir wenden Uns mit Vertrauen an die Jugendorganisationen beider Geschlechter, an die Kongregationen der Kinder Mariens, an die Bruderschaften der Heiligen Jungfrau und die anderen frommen Vereinigungen, – sei es innerhalb unserer Diözese, oder sei es in ganz Frankreich.

Möge Unser gegenwärtiger Hirtenbrief in allen Kirchen und Kapellen, Schulen und Krankenhäusern Unserer Diözese, versehen mit Unserem Siegel und dem Gegen-Siegel Unseres Sekretärs verlesen und veröffentlicht werden. Gegeben am 18. Januar 1862, dem Feste des Stuhles Petri in Rom.

> *Auf Anordnung: Fourcade, Kanonikus, Sekretär.*
> *Bertrand-Sevère*
> *Bischof von Tarbes.*

Das also hätte sich unsere kleine Bernadette, die Tochter eines verarmten Müllers und Gelegenheitsschäferin, gewiß in ihren kühnsten Gedanken nicht träumen lassen, daß sie mit ihren Erlebnissen und Aussagen einen solch gewichtigen Hirtenbrief verursacht hat.

Wir haben ihn mit einigen Abschnitten zitiert – der ganze Brief wäre in diesem Rahmen zu lang gewesen –, um eine Zusammenfassung der Vorgänge „aus erster Hand" vor Augen zu haben.

Wunder über Wunder …

Die Heilungen in Lourdes, denen von Anfang an wunderbarer Charakter zugesprochen wurde, haben bereits während der Erscheinungstage begonnen und dauern bis in unsere Zeit an. Die Kirche hat es sich – angesichts der vielen Skeptiker und Zweifler zu allen Zeiten – besonders hier in Lourdes nie leicht damit gemacht, angeblichen Wunderheilungen auf den Grund zu gehen. Als Wunder anerkannt wird nur eine Heilung, die von zwei voneinander unabhängigen medizinischen Instanzen gewissenhaft geprüft wurde – es ist zum einen das Ärztebüro von Lourdes und zum anderen ein internationales Medizinisches Komitee, das als zweite Untersuchungsinstanz zu berichten hat. Schon im Jahr 1858, haben wir gehört, wurden die ersten Heilungen beobachtet, von denen sieben vor der kritischen Kommission – die der Bischof von

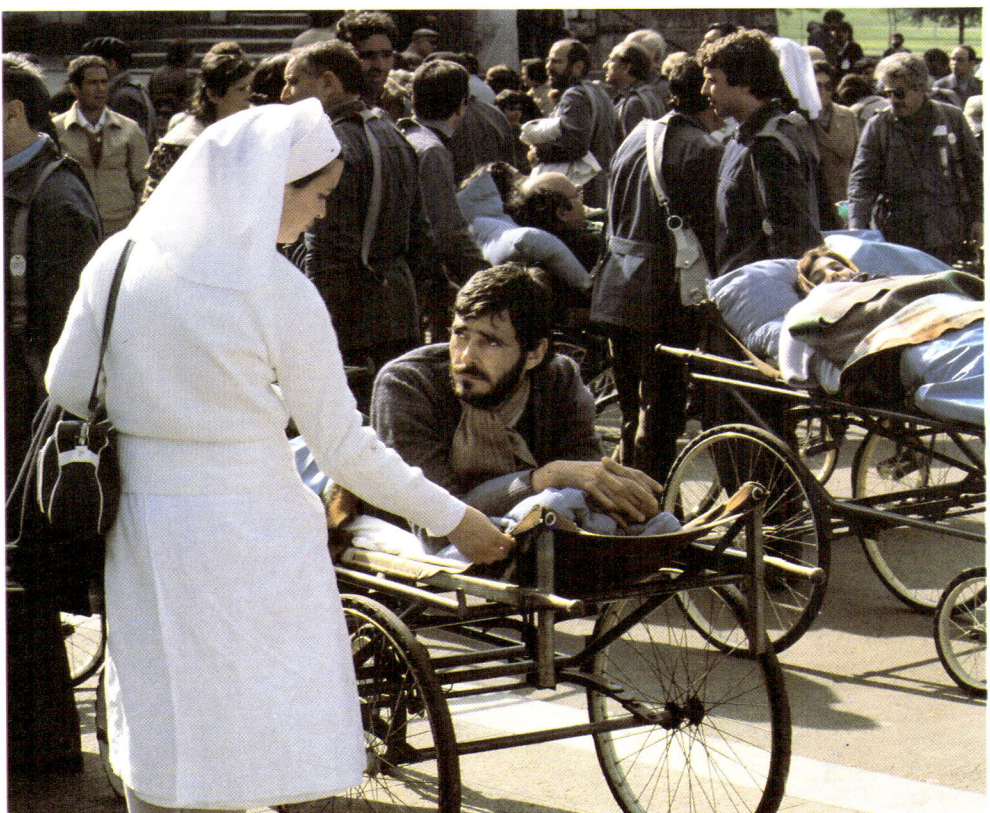

Wieviel körperliches und seelisches, persönliches und familiäres Elend in dieser Welt vorhanden ist, wird in einem kleinen Ausschnitt jedem Pilger von Lourdes eindringlich vor Augen geführt.

Tarbes, Monsignore Laurence, eingesetzt hatte – Bestand hatten. 1951 kam es zur Gründung des „Internationalen Büros", um durch eine doppelte Absicherung jeglichen Zweiflern den Wind aus den Segeln nehmen zu können.

Der Bischof hatte also 1858 sieben Heilungen als Wunder nach einer Kommissionsüberprüfung anerkannt: Der erste Fall war eine nervenbedingte Lähmung bei der Patientin Katharina Latapie-Chouat aus Loubajac, die am 1. März 1858 geheilt wurde.

Weitere anerkannte Wunderheilungen geschahen bei Louis Bouriette (traumatische Erblindung eines Auges) und Blaisette Soupene (Augenleiden). Beide stammten aus Lourdes und wurden ebenfalls im März geheilt. Henri Buaquet aus Nay genas am 29. April von einer typhösen Muskelentzündung, und Justin Bouhort aus Lourdes wurde wunderbarerweise am 6. August von einer Tuberkulose und Lähmung geheilt. Am 17. Oktober geschah ähnliches bei Frau Magdalena Rizan (Lähmung), und das siebte vom Bischof anerkannte Wunder geschah bei Maria Moreau aus Tartas (Erblindung eines Auges) am 9. November. Als „Wunder" galt und gilt eine Heilung dann, wenn sie mit den Mitteln der Schulmedizin von den Ärzten nicht mehr zu erklären ist.

Doch zurück zu den ersten Wundern: „Mitten in der Nacht bricht Katharina Latapie-Chouat hochschwanger nach Lourdes auf. Sie hat ihre beiden kleinen Kinder bei sich", berichtet der Chronist René Laurentin. Die Grotte ist sieben Kilometer vom Wohnort der Frau entfernt. Aus einem spontanen Gefühl heraus hat sich die Frau mit ihrem Leiden jetzt nach Massabielle aufgemacht, denn als Bäuerin war sie mit ihren gelähmten Fingern unbrauchbar und konnte auf dem Hof nicht mithelfen. Sie konnte nicht mehr für ihre Familie stricken und spinnen. Eine entsetzliche Erfahrung für die Frau, plötzlich anderen zur Last fallen zu müssen! Das Unglück war eineinhalb Jahre vorher folgendermaßen geschehen: Um Eicheln für die Schweine zu bekommen, war die Frau auf eine große Eiche gestiegen und hatte deren Früchte mit einer Stange abgeschlagen. Plötzlich stürzte sie hinab und blieb verletzt liegen … Nun konnte ihr Landarzt glücklicherweise den Arm wieder einrenken, aber bei der Hand war er machtlos: mehrere Finger blieben krumm und gelähmt, ein echtes Unglück!

In ihrer Not ging die Frau also den Weg nach Lourdes, um eine von Bernadettes Erscheinungen – es war am 1. März – mit zu verfolgen. Als alles vorüber ist, steigt Frau Latapie-Chouat gläubig ins Innere der Grotte und geht zur Quelle, die Bernadette aufgekratzt hatte. Zu diesem Zeitpunkt fließt die Quelle als Rinnsal bereits bis zur Gave.

„Die Frau tauchte ihre Hand ein, und eine große Ruhe überkommt sie", wird später von Augenzeugen berichtet. Und plötzlich haben die steifen Finger wieder ihre frühere Beweglichkeit gefunden …

In diesem Moment durchzuckt die Frau – die im neunten Monat schwanger ist – ein heftiger Schmerz. „Heilige Jungfrau, laß mich wieder gut heimkommen!", ruft sie voller Angst, nimmt ihre beiden Kinder an der Hand und eilt – so schnell sie es in ihrem Zustand kann – zurück in ihre sieben Kilometer (!) entfernte Heimat Loubajac. Kaum ist sie dort angekommen, kommt sie ohne Hilfe nieder und schenkt einem

Die wundersamen Heilungen in Lourdes werden der Fürsprache Marias zugesprochen.

Buben das Leben – „fast ohne Schmerzen verlief die Geburt", –, gibt die Frau zu Protokoll. Die Hebamme war erst eingetroffen, als der Neugeborene seinen ersten Schrei auf dieser Welt getan hat. Er wurde übrigens „Jean-Baptiste" getauft und ist später Priester geworden.

Selbstverständlich sind noch lange nicht alle Heilungen als Wunder anerkannt worden, die sich in Lourdes ereignet haben, aber vor der Ärztekommission nicht bestehen konnten. So kam zum Beispiel an einem Erscheinungstag ein Mädchen namens Eugénie Troy aus Barèges zu Bernadette und wurde von dieser liebevoll umarmt. Das Mädchen aber ist sehbehindert und muß eine Augenbinde tragen. Plötzlich nimmt sie diese ab und kann Bernadette ungehindert anschauen. „Ein Wunder! Eine Blinde ist geheilt!", tönt es sogleich im Lauffeuer in der Menge, und der Vater des Mädchens bezeugt später vor dem Abbé Peyramale unter Eid und „mit Tränen in den Augen", wie sich der Pfarrer erinnert –, daß „seine Tochter wie durch ein Wunder ihr Augenlicht wieder gefunden hat". – Trotzdem wird dieser Vorfall nicht in die Liste der ersten sieben Heilungen aufgenommen. Denn einige Zeit später heißt es,

daß „dieses Kind niemals blind gewesen" sei, es sei nach wie vor krank und die Freude über die Reise nach Lourdes habe ihm falsche Hoffnungen – die von den Eltern geteilt wurden – gemacht.

Nicht alle Wunder sind solche …

Keine Gnade vor der Mediziner-Kommission fand auch der Fall Jean-Marie Doucet: Der neunjährige Bub lebte auf dem Hof Piqué und konnte weder richtig essen noch seinen stets aufklaffenden Mund schließen. „Seit Bernadette den Jungen besucht hat, kann er wieder normal essen und hat wieder Freude am Leben!", heißt es bald. Allerdings ist der Erfolg von kurzer Dauer: Sobald Bernadette den Hof verlassen hat, verschlimmert sich der Zustand von Jean-Marie wieder.

Wir wollen nicht ausführlich auf alle registrierten Wunder eingehen, die von der Kommission auf Geheiß des Bischofs untersucht wurden und nur zum Teil als Wunder akzeptiert sind.

Das Pyrenäen-Städtchen Lourdes machte in diesen Tagen jedenfalls nicht nur regional, sondern landesweit von sich reden: Zeitungen wie „Le Bagnérais", „L'Ère Imperiale" oder „L'Univers" berichten lebhaft darüber, und zwar häufig in spöttischem, ungläubigem Tonfall, der die Geschehnisse gelegentlich ins Lächerliche ziehen will oder schlicht bedauert, daß solchem Spuk nicht längst ein Ende gesetzt wurde. Von der Zeitung „L'Univers" hatte sich der Chefredakteur höchstpersönlich herbemüht, um der mysteriösen Geschichte auf den Grund zu gehen – und er war einer der wenigen zeitgenössischen Presseleute, die sich von den Erscheinungen später tief beeindruckt zeigten und diese seine Überzeugung in seinem Blatt auch mit Vehemenz – gegen die Freigeister in der Hauptstadt Paris – verteidigt hat.

Zwei Jahre nach dem ausführlich zitierten Hirtenbrief hat der Bildhauer Joseph Fabish aus Lyon eine Marienstatue geschaffen, die am 4. April 1864 in der Grotte von Massabielle aufgestellt wird. Bernadette hatte dem Bildhauer mehrere Angaben über das Aussehen der Dame gemacht, aber mit dem Resultat war sie dann doch nicht ganz einverstanden: „Das ist sie nicht!", war ihre erste, sicher etwas enttäuschte Reaktion, als sie der Statue ansichtig wurde. Zunächst einmal sei die Erscheinung weitaus kleiner gewesen – etwa von der Größe Bernadettes. Dann habe sie den Kopf nicht so stark geneigt, und die Händehaltung stimme auch nicht, kommentierte das Hirtenmädchen. Immerhin hat es sich bei dem Mann um einen damals angesehenen Künstler, um ein Mitglied der Akademie der Wissenschaften und der Schönen Künste in Lyon gehandelt, und die Fräulein Lacour aus Lourdes haben für die Statue den immens hohen Betrag von 7000 Goldfranken gestiftet. Die Statue sollte aus bestem Carrara-Marmor gefertigt werden, und zwar „so lebensgetreu wie möglich". „Der Körper der weißen Dame war aufrecht, ohne steif zu wirken", gab Bernadette zu Beginn dem Bildhauer eine Beschreibung der Unbefleckten Empfängnis. „Der Kopf war ebenfalls aufrecht. Die Dame hat gelächelt, der Schleier fiel gleichmäßig glatt

Vorhergehende Doppelseite: Blick von der Terrasse der »oberen« Basilika auf die abendliche Lichterprozession.

herunter, die Hände waren nah beisammen und die Finger berührten einander", instruiert sie den Meister. Der Abbé Peyramale sieht angesichts eines Gipsmodells die Bedrängnis, in der sich der gefeierte Bildhauer befindet, und gestattet ihm mit folgenden Worten sozusagen mehr ‚künstlerische Freiheit': „Ich weiß nicht, ob Ihre Regeln der Kunst es erlauben, daß Sie alle Bemerkungen Bernadettes berücksichtigen können", sagt der Priester zu Fabish. „Ich bin aber davon überzeugt, daß Sie – geleitet von Ihrem Talent und der Unbefleckten seligsten Jungfrau – ein bemerkenswertes Kunstwerk schaffen werden." – Hätte der Abbé strenger geurteilt, so wäre der Bildhauer zu diesem Zeitpunkt in große Verlegenheit gekommen, denn er hatte – ohne diese Instruktionen abzuwarten – bereits mit der endgültigen Ausführung seines Gipsmodells in Marmor begonnen.

Im Hirtenbrief hatte der Bischof den Bau eines Heiligtums angekündigt; am 19. Mai des Jahres 1866 war es soweit: Die Krypta konnte eingeweiht werden und die vielen zehntausend Wallfahrer, die bereits jetzt nach Lourdes pilgerten, hatten damit endlich einen großen Gottesdienstraum. Da sich die Zahl der Pilger aber immer mehr verstärkte (– man kann sogar sagen, sie wuchs von Jahr zu Jahr sprunghaft in die Höhe, und es waren beileibe nicht nur Einheimische, die „ihrer Dame" ihre Reverenz erwiesen –), wurde die Krypta bald zu klein. Und schon wenige Jahre später, anno 1876 (übrigens drei Jahre vor Bernadettes Tod) wurde die Basilika in Lourdes feierlich eingeweiht.

Kardinal Giubert, Erzbischof von Paris, war dazu am 2. Juli 1876 extra nach Lourdes gekommen, um die Basilika zu konsekrieren. Insgesamt umfaßt der Gebäudekomplex drei Kirchen, die mächtig übereinander gebaut sind: Ganz unten die sogenannte „Rosenkranzkirche", genannt „Rosaire" oder „Untere Basilika". Ein Stockwerk darüber liegt die bereits erwähnte „Krypta", und auf dieser erhebt sich die stattliche, neugotische „Obere Basilika". Überragt wird das gesamte Bauwerk von einem neugotischen Kirchturm, der mit seiner Spitze exakt 93,40 Meter über den Gavefluß herausragt. Die Krypta ist übrigens 25 Meter lang und sehr schmal, ihre Wände sind überreich mit Votivgaben behängt. Die Rosenkranz-Basilika ist 48 Meter lang und 52 Meter breit und in der Mitte von einer mächtigen Kuppel überwölbt; diese Kirche wurde als letzte der drei Gotteshäuser am 6. Oktober 1901 von Kardinal Langénieux, dem Erzbischof von Reims, konsekriert. In ihren 15 Kapellen sind in farbenprächtigen Mosaiken die 15 Geheimnisse des freudenreichen, schmerzhaften und glorreichen Rosenkranzes dargestellt. Schließlich die Hauptkirche, die Obere Basilika: Sie mißt 51 Meter Länge und wurde von dem französischen Architekten Hippolyte-Louis Durand erbaut. „Alle drei Kirchen bilden trotz ihrer unterschiedlichen Baumeister und Entstehungsgeschichte eine durchaus geschlossene und eindrucksvolle Einheit", stellen manche Beobachter fest. Die Basilika „Rosaire" wurde vom Architekten Léopold Hardy geplant. Soweit ein Wort zu den großen Kirchen, die ja zum Teil noch zu Lebzeiten Bernadettes gebaut wurde.

Bernadette bekommt einen Antrag

Das Leben der Bernadette war in diesen Tagen, wie wir schon gehört haben, keineswegs still und abgeschieden, vielmehr wird sie pausenlos von neugierigen Gläubigen bedrängt. Ihr Name ist in aller Munde, und da Bernadette – wie ja die authentischen Photographien und Gemälde zeigen – auch ein sehr hübsches Mädchen war, kam es auch zu einer ganz normalen, menschlichen Episode: Bernadette erhielt nämlich, was wohl nur wenige Autoren wissen oder erwähnt haben, einen Heiratsantrag.

Am 5. März des Jahres 1866 – Bernadette war zu diesem Zeitpunkt also 22 Jahre alt und durchaus im heiratsfähigen Alter – wird dieser Antrag überbracht. Der Chronist René Laurentin beschreibt den Vorgang so: „Bernadettes Verehrer hatte sich bereits am 20. April 1863 in Lourdes gemeldet, sein Name war Raoul de Tricqueville. Er war Medizinalassistent in Nantes", also durchaus ein angesehener, erfolgversprechender junger Mann mit ernsthaften Absichten, wie wir sehen werden. Da es für den Bewerber aber nicht schicklich war, dem Mädchen selbst die Heiratsabsicht zu unterbreiten, wandte er sich nicht an Bernadette selbst, sondern an den Bischof Monsignore Laurence, „als ob dieser sozusagen der moralische Vater des Mädchens gewesen wäre", bemerkt der Chronist. Denn gewöhnlich hält ein Bewerber ja beim leiblichen Vater um die Hand der Tochter an.

„Es scheint mir, daß ich nichts Besseres tun könnte, als zu heiraten, und ich möchte gern Bernadette heiraten", vertraut Tricqueville dem Bischof an. „Wenn ich sie nicht heiraten dürfte, würde ich – so glaube ich – die Welt verlassen und Gott darum bitten, in Einsamkeit sterben zu dürfen." Der Medizinalassistent war also offensichtlich von großer Zuneigung zu Bernadette erfaßt worden.

Doch wir wissen nicht, was Bernadette darüber gedacht hat, und wir wissen nicht einmal, ob sie überhaupt jemals – für den jungen Mann wäre das sicher tragisch gewesen – diesen Brief des Verliebten bekommen hat. Man weiß nur, daß der Bischof auf den ersten derartigen Brief „schonungslos" geantwortet und dem Bewerber offenbar keine Chance gelassen hat, denn „so ein Ersuchen steht völlig im Gegensatz zu dem von der Gottesmutter kundgetanen Willen", erfährt der junge Mann enttäuscht vom Monsignore. Doch der Jüngling gibt noch nicht auf: Er wiederholt sogar in Nevers, wo Bernadette bereits im Kloster ein Noviziat begonnen hat, seinen Antrag und stellt ihn diesmal nicht besagtem Geistlichen, sondern überbringt ihn an Monseigneur Forcade, den für Nevers zuständigen Bischof. Aber, wie gesagt, wir wissen nicht, ob Bernadette von diesen beiden Heiratsanträgen überhaupt erfahren und – wenn ja – wie sie darauf reagiert hat; sie will jedenfalls Ordensschwester werden. Doch damit haben wir unserem Bericht schon wieder vorgegriffen; das Noviziat kommt ja erst sehr viel später, und bis dahin hat Bernadette noch allerlei Krankheiten in Lourdes durchzustehen …

Kein Wunder für Bernadette

„Ich verspreche Ihnen nicht, Sie glücklich zu machen in dieser Welt, wohl aber in der anderen Welt ..." Diese Prophezeiung, die Bernadette von der Erscheinung beim dritten Mal empfangen hatte, sollte sich schon sehr bald bewahrheiten: Gerade in den Monaten, in denen an der Grotte mehrere wunderbare Heilungen stattgefunden haben, hat Bernadette selbst schwer an mehreren Krankheiten zu leiden: Asthma, Herzkrämpfe und später sogar Knochentuberkulose befallen das heranwachsende Mädchen, aber sie erduldet alles gottergeben und fügt sich in ihr Geschick: „Die wunderbare Quelle ist nicht für mich bestimmt", sagt sie einmal. Doch verfolgen wir das Leben Bernadettes weiter: Das Jahr 1866 bringt viele Änderungen für sie; Mitte Mai wird – wie wir wissen – die Krypta in Lourdes eingeweiht; ein erster Wunsch der Unbefleckten Empfängnis ist damit in Erfüllung gegangen. Am 3. Juli nimmt Bernadette wehmütig Abschied von „ihrer" Grotte – die Tante Basile Castérot erinnert sich an diesen Tag: „Ich war nicht in Massabielle, als Bernadette zum letzten Mal dorthin ging. Aber ich weiß, daß sie Mühe hatte, sich von der Grotte zu trennen,

In dieser Grotte im Garten des Klosters Saint-Gildard in Nevers hat Bernadette oft verweilt und an ihr »Massabielle« an der Gave zurückgedacht.

55

doch sie zeigte viel Mut." – Immerhin stand eine sehr weite Reise nach Nevers vor ihr, eine Entfernung von vielen hundert Kilometern.

Am Abend dieses 3. Juli versammelt sich die ganze Familie Soubirous in der Mühle Lacadé zu einem Abschiedsessen; die Eltern Bernadettes haben in der Zwischenzeit durch Vermittlung doch noch aus ihrer ärgsten Armut herausgefunden und diese Mühle bewirtschaften dürfen. Der Abschied vom Heimatort fällt allen schwer, doch die Entscheidung Bernadettes – in das Kloster von Nevers an der Loire einzutreten – kam ja nicht von ungefähr, sondern stand der Überlieferung nach bereits seit dem 4. April 1864 fest: An diesem Tag soll Bernadette die Oberin Alexandrine Roques im Hospiz zu Lourdes aufgesucht und gesagt haben: „Ich weiß jetzt, verehrte Mutter, wo ich Ordensschwester werden soll: Bei Ihnen …!"

Bernadette kommt nach Nevers

Nun also war der Zeitpunkt gekommen: Bernadette trägt ein schlichtes blaues Kleid, ihre gesamten Habseligkeiten hat sie bei der Abreise in einer bunten Stofftasche mit „regenbogenfarbenen, senkrechten Streifen" – wie ein Augenzeuge berichtet – verstaut. Die Aussteuer-Wäsche befindet sich in einem großen, unförmigen Koffer. Denn schon damals war es Sitte, daß ein Mädchen entweder bei der Haushaltsgründung vor der Hochzeit oder beim Eintritt ins Kloster selbst ausreichend Wäsche mitzubringen hatte. „Alle haben geweint, als Bernadette den Weg zum Bahnhof einschlug", wird berichtet, nur das Mädchen selbst hat keine Träne vergossen: „Es ist lieb von euch zu weinen, aber ich kann doch nicht immer hierbleiben!" Am Bahnsteig von Tarbes bleiben die Begleiterinnen – Tante Bernarde, Toinette und Schwester Victorine – mit einer Gruppe von Bekannten und Neugierigen zurück. Die Dampflokomotive setzt sich schnaufend in Bewegung, die heimatlichen Berge entschwinden allmählich am Horizont, vom Rauch des Zuges eingehüllt …

Für Bernadette war diese erste (und letzte) Zugfahrt ein großes Erlebnis. Besonders vom Aufenthalt in Bordeaux – wo in den Häusern der Ordenskongregation übernachtet wird – berichtet das Mädchen ausführlich und beschreibt zum Beispiel die prachtvolle Kaiserliche Mädchenschule, „die eher einem Palast und nicht einem Ordensgebäude gleicht". Die Reise dauerte damals länger als heute, die Züge fuhren ja viel gemächlicher und hielten an jedem kleinen Bahnhof. Einmal wird noch in Périgueux Station gemacht; von dort aus fährt die kleine Reisegesellschaft – bestehend aus zwei Oberinnen und drei „Postulantinnen" (das ist eine Vorstufe zum Noviziat), nämlich Marie, Léontine und Bernadette – weiter zu ihrem Ziel: Am Samstag, 7. Juli, kommen die Reisenden um halb elf Uhr abends in Nevers an. Gleich legt man sich – erschöpft von den Strapazen der langen Fahrt – zur Ruhe; für Bernadette wird ein völlig neuer Lebensabschnitt beginnen.

Ein neuer Lebensabschnitt beginnt

Am nächsten Tag – Sonntag, 8. Juli – kommt ein großer Augenblick: Um ein Uhr nachmittags versammeln sich alle Postulantinnen und Novizinnen im großen Saal des

Oben: Innenhof des Klosters Saint-Gildard in Nevers.
Folgende Doppelseite: Hier lebte die Schwester Marie-Bernard als Ordensfrau: Das Kloster Saint-Gildard in Nevers.

Klosters, wo jetzt auch alle Schwestern der anderen Häuser des Ordens in Nevers zusammengekommen sind – rund 300 Schwestern sitzen also jetzt beieinander, um den Bericht der Marienerscheinungen aus dem Munde der Seherin zu hören. Bernadette nämlich soll auf Geheiß der Oberin ausführlich von diesen Vorgängen an der Grotte von Massabielle berichten. Sicher keine leichte Aufgabe für das Mädchen aus Lourdes, jetzt plötzlich im großen Kreis lauter fremder Frauen die innersten Erlebnisse preiszugeben. Und zwar um so schwieriger für Bernadette, weil ihr die Novizenmeisterin – offenbar besorgt um die Demut ihrer berühmten Postulantin – in einer „barschen Art und Weise" das Wort erteilt. Und Bernadette beginnt gehorsam, zunächst in ihrem heimatlichen Dialekt, dann auf französisch: „Es war an einem Donnerstag,

dem 11. Februar, als ich zum ersten Mal an der Grotte am Ufer der Gave zum Holz-
sammeln war …“, erzählt sie zögernd den gebannt lauschenden Schwestern.

Während ihres Berichts trägt Bernadette noch das blaue Kleid aus Lourdes, anschließend bekommt sie ihre klösterliche Tracht der Postulantinnen: Ein gefälteltes
kleines Häubchen und einen Umhang. Bernadette ist ja ins Kloster gekommen, um
sich vor den neugierigen Augen der Welt zu verbergen. Das häufige Läuten an der
Klosterpforte von Saint-Gildard zeigt aber bald, daß es auch jetzt nicht einfach für
die Schwestern sein wird, ihren berühmten Neuzugang vor den Augen der Öffentlichkeit zu verstecken.

Kein Wunder, daß Bernadette in den ersten Wochen und Monaten von starkem
Heimweh geplagt wird – ist es doch das erste Mal, daß sie in so großer Distanz von zu
Hause weg ist. Bei ihrer Amme in Bartrès hatte es sich ja nur um ein paar Kilometer
Entfernung von den Eltern gehandelt, außerdem hatte sie auch der Vater häufig besucht. Jetzt aber fühlt sich das Seherkind mutterseelenallein in dem großen Haus unter lauter ungewohnten Gesichtern. „Ich habe mich anfangs sehr nach Hause zurück-
gesehnt“, wird Bernadette später schreiben. „Wenn ich einen Brief von daheim bekommen habe, dann wartete ich immer auf einen Moment, in dem ich allein sein
konnte. Dann habe ich erst den Brief geöffnet, denn ich war unfähig, die Zeilen zu lesen, ohne aus ganzem Herzen zu weinen …“ Diese Worte wird wohl jeder verstehen,
der zum ersten Mal in seinem Leben in die Fremde, „hinaus ins feindliche Leben“ –
etwa in ein Internat, in ein Kloster oder sonstwie zu fremden Leuten – gesteckt worden ist –, und der sich dort entwurzelt und verlassen fühlte …

Das Klosterleben beginnt …

Glücklicherweise gibt es im Klostergarten, ganz weit hinten, eine Art von Grotte, in
der eine Marienstatue „Unsere Liebe Frau von den Wassern“ steht. Dort hat Bernadette in den ersten Tagen ihres Heimwehs viele Tränen geweint und ihr Herz erleichtert. Übrigens wird der jungen Postulantin beim Eintritt in Nevers eine Novizin,
Schwester Emilienne Duboé, als Betreuerin zugeteilt, die die Neue ins klösterliche
Leben einführen soll. „Mein Auftrag in Lourdes ist zu Ende“, schreibt Bernadette in
diesen Tagen auf, außerdem: „Lourdes ist nicht der Himmel.“

Drei Wochen sind inzwischen seit der Ankunft Bernadettes in Nevers vergangen,
dann ist es soweit: Sie wird zusammen mit 42 weiteren Postulantinnen eingekleidet.
Wir sehen an dieser verhältnismäßig großen Zahl von Ordens-Neuzugängen, daß damals noch kein so großer Nachwuchsmangel wie heutzutage herrschte; heute ist die
Zahl der klösterlichen Novizen sehr geschrumpft. – Jetzt also erhält die Postulantin
aus Lourdes eine Haube mit zwei weißen Bändern, die sich unterhalb des Kinns
kreuzen. Der für Nevers zuständige Bischof, Monseigneur Forcade, spricht nach dieser Einkleidung zu den Postulantinnen folgende Worte: „Ihr erhaltet jetzt einen neu-
en Namen, der euch daran erinnern wird, daß ihr von der Welt getrennt seid. Ihr ge-

In diesem Sessel starb Schwester Marie-Bernard am Ostermittwoch, dem 16. April 1879, gegen
15.15 Uhr an Knochentuberkulose.

Oben: Im gläsernen-goldenen Sarkophag ruht die heilige Bernadette nahezu unverwest, nur von einer dünnen Wachsschicht überzogen.
Rechts: Eingang zur Josephskapelle im Klostergarten von Saint-Gildard in Nevers, wo Bernadette Soubirous (Schwester Marie-Bernard) nach ihrem Tod am 16. April 1879 ihre erste Ruhestätte erhalten hat.

hört Jesus Christus, den ihr euch als Bräutigam erwählen wollt." Und dann erhält Bernadette ihren Ordensnamen: „Schwester Marie-Bernard, der Herr bekleidet dich mit dem neuen Menschen, der nach Gott geschaffen ist in Gerechtigkeit und wahrer Heiligkeit." Die Novizenmeisterin hatte bei der Namensfindung für Bernadette deren Taufheiligen, Bernhard von Clairvaux, beibehalten, außerdem hat sie wegen des besonderen Bezugs zur Unbefleckten Empfängnis den Namen Mariens als Patronin hinzugenommen. – Nach dieser Einkleidung werden die Neulinge vom Mutterhaus in Nevers aus in alle möglichen Häuser des Ordens über ganz Frankreich verteilt, in Schulen und Hospitäler, wo eben die „Kommunität" (= Ordensgemeinschaft) ihre jeweiligen Niederlassungen hat.

Nur bei Schwester Marie-Bernard wird eine Ausnahme gemacht, sie bleibt im Mutterhaus. Die Oberin ist nämlich davon überzeugt, daß das Kloster zu Nevers für

die Seherin eine beschützende Festung darstellt, in der nicht so viele Neugierige anstürmen können wie vielleicht in anderen Häusern weit draußen im Lande. Bernadettes Betreuerin Emilienne Duboé ist dagegen über ihre eigene Versetzung nach Clermont-Ferrand und die damit verbundene Trennung von Bernadette herb enttäuscht. Und Schwester Marie-Bernard versucht sie denn auch zu trösten: „Wie froh wäre ich doch, wenn ich arbeiten gehen könnte, anstatt hierbleiben zu müssen und nichts zu tun", sagt sie zu ihrer Mitschwester. Die Novizinnen sollten nämlich ihre klösterliche Ausbildung in den verschiedenen anderen Häusern, in die sie geschickt wurden, durch praktische Arbeit abschließen. Marie-Bernard aber war in Nevers vorläufig zum Nichtstun verurteilt, und zwar aus folgendem Grund:

Am 15. August muß sie sich in die Krankenstation begeben, so sehr ist sie durch alles Ungewohnte erschöpft. Dazu kommt noch das immerwährende Asthma, das Bernadette ja schon von klein auf zu schaffen gemacht und das Atmen schmerzhaft erschwert hat. Kein Wunder, daß sie ausgerechnet von dieser Krankheit befallen war, denn das Aufwachsen in der feuchten, ehemaligen Arrestzelle des „Cachot" war sicher nicht ihrer Gesundheit förderlich …

Jetzt also muß Schwester Marie-Bernard strikt das Bett hüten und darf vorläufig nicht einmal mehr zu ihren Mitschwestern hinunterkommen. Die Hilfskrankenschwester Emilie ist sehr beunruhigt, als sie die asthmabedingten Erstickungsanfälle von Marie-Bernard beobachtet. Doch diese selbst überspielt ihr Leiden: „Das muß so sein, das hat nichts zu bedeuten", sagt sie mit erzwungener Leichtigkeit, denn „der liebe Gott schickt mir das, also muß ich es auch annehmen!"

Wenn es ihr gelegentlich besser ging, zeigte Marie-Bernard ein heiteres Wesen, konnte lachen, Spaß machen und sogar Lieder aus ihrer Heimat der Pyrenäen singen. Das Befinden verschlechtert sich, Ende Oktober wird in höchster Besorgnis der Arzt – Doktor Robert Saint-Cyr – zur Patientin geschickt, und er kommt zutiefst besorgt aus dem Krankenzimmer heraus und teilt den Schwestern mit, daß Marie-Bernard diese Nacht nicht überstehen wird … Vor der Statue der Heiligen Jungfrau werden schon Kerzen angezündet, man rechnet mit dem Schlimmsten. Die Mitpatientin, Schwester Marcelline, mit der Marie-Bernard das Krankenzimmer teilt, wird vorsorglich in einen anderen Raum verlegt. Der Hausgeistliche, Pater Victor Douce, erteilt der Schwerkranken die letzte Ölung. Doch einen Wunsch hat die Novizin noch auf dieser Welt: Sie will als echte Ordensschwester sterben, und dazu muß sie die Profeß ablegen. Das ist aber nicht so einfach, da eine lange Wartezeit dafür vorgeschrieben ist; allerdings gibt es eine Ausnahme: „In articulo mortis", im Angesicht des Todes, wird Dispens gewährt, und diese Klausel wird jetzt für Marie-Bernard angewandt: Der Bischof, Monseigneur Forcarde, der sich gerade auf einer Rundreise durch sein Bistum befindet, wird extra verständigt; er muß nämlich die Genehmigung zu dieser Ausnahme-Profeß erteilen. Und er eilt sofort herbei, als er vom Zustand der Schwester Marie-Bernard erfährt, denn „ich möchte an niemanden die Ehre abtreten, ihre Profeß entgegenzunehmen" – so begründet der Bischof diesen Vorgang; er schätzt Marie-Bernard sehr.

Die Situation erscheint sehr ernst: „Ich finde die Kranke mit kurzen Atemzügen röchelnd vor. Sie hat soeben Blut gespuckt", berichtet der Bischof in seinen Erinnerungen. Da Schwester Marie-Bernard schon zu ermattet ist, um die Gelübdeformel auszusprechen, sagt sie der Bischof vor, und sie antwortet mit einem „Amen", so sei es ... Von diesem Augenblick an ist sie ein vollwertiges Mitglied der Kongregation der Schwestern de la Charité. Und schon wartet die Generaloberin am Fuß des Bettes auf den Moment, in dem sie der todkranken Marie-Bernard die Augen zudrücken wird – doch es kommt anders. „Ich werde heute nacht nicht sterben", beginnt die junge Schwester plötzlich zu sprechen, und die Oberin, Mutter Josephine, hat nichts Besseres zu tun, als Marie-Bernard heftige Vorwürfe zu machen: „Was, Sie wußten, daß Sie heute nacht nicht sterben werden, und Sie haben mir das nicht gesagt?!", schimpft sie, „und trotzdem ist der Herr Bischof zu solch ungewohnter Stunde wegen Ihnen hergeholt worden!" Und es ist kaum zu glauben – aber die Oberin will der Schwester den Profeß-Schleier wieder wegnehmen, „wenn Marie-Bernard bis morgen früh nicht gestorben ist!" Sie werde dann dafür Sorge tragen, daß sie wieder als Novizin zurückgeschickt wird. Und Marie-Bernard antwortet nur: „Ja, wenn Sie es für richtig halten, liebe Mutter ..."

Doch glücklicherweise kam es nicht so weit, Marie-Bernard durfte trotz ihrer überraschenden Genesung den Schleier behalten – und wurde darum nicht wenig von manchen Novizinnen – die auf ihre große Stunde noch warten mußten – beneidet. „Gott hat mich nicht gewollt", sagt Marie-Bernard in diesen Tagen zu ihrer Mitschwester Emilie, „ich bin ans Tor gelangt, aber er hat zu mir gesagt: ‚Geh fort, es ist noch zu früh.'".

Der Tod der Mutter

Tief bekümmert ist Marie-Bernard, als in diesem Jahr – und zwar am 8. Dezember 1866 – während der Vesper der Unbefleckten Empfängnis ihre Mutter, Louise Soubirous, stirbt. Diese Frau hat in ihrem Leben – sie ist nur 41 Jahre alt geworden – neun Geburten mitgemacht, von denen nur vier Kinder am Leben geblieben sind. „Ich kann nicht ausdrücken, wie groß mein Schmerz ist", schreibt Marie-Bernard an einen Priester, „ich habe vom Tod meiner Mutter noch früher als von ihrer Krankheit erfahren".

Einige Monate später ist Marie-Bernard wieder soweit genesen, daß sie das Krankenbett verlassen und aufstehen kann. Und sogleich wird sie von Mutter Marie-Thérèse Vauzou vorgewarnt: „Nun, Schwester Marie-Bernard, werden wir in die Zeit der Prüfungen eintreten!" – Es handelte sich in der Folgezeit um kleine Sticheleien und Demütigungen, denen Mutter Vauzou, die Novizenmeisterin, Marie-Bernard aussetzte.

Inzwischen ist Schwester Marie-Bernard mit einer besonderen Aufgabe betraut worden: Sie hat jetzt als Hilfskrankenschwester Kranke des Klosters zu pflegen. Fast sechs Jahre lang, von 1867 bis 1873, versieht sie diesen caritativen Dienst zur größten Zufriedenheit ihrer Oberen und Mitschwestern. Sie muß die niedrigsten Dienste verrichten – die Blumenvasen mit frischem Wasser versorgen und die Nachttöpfe ausleeren. Doch macht es ihr nichts aus, denn während ihrer Noviziatszeit wurde sich ja bereits dazu „auserkoren", die Toiletten des Klosters sauberzumachen. Die klösterlichen Vorgesetzten mußten wohl panische Angst davor gehabt haben, daß sich Bernadette aufgrund ihrer Berühmtheit als etwas Besonderes fühlen und ihre Demut verlieren könnte – doch war diese Sorge, wie die Geschichte lehrt, alles andere als begründet.

Wie die Katzen …

Marie-Bernard war zwar immer guter Dinge und hat ihre Patientinnen ebenso liebevoll wie gewissenhaft umsorgt und aufgemuntert. Sie selbst aber war nach wie vor kränklich, und immer wieder wurde sie auf das Patientenlager zurückgeworfen. Etwa im Jahr 1869, als sie sogar das Osterfest im Bett verbringen mußte und in eine ernste gesundheitliche Krise geriet: „Marie-Bernard liegt zu Bett und spuckt Schüsseln voll Blut. Ich lege ihr Zugpflaster an", berichtet die damalige Krankenschwester Cécile Pagès, und die Patientin habe geantwortet: „Sie können ruhig ziehen, ich bin abgehärtet gegen Schmerzen. Wie die Katzen", fügt sie scherzend hinzu.

Und wieder verschlimmert sich der Gesundheitszustand der jungen Seherin so arg, daß man bereits Vorkehrungen für ihren Tod trifft: Der Arzt fürchtet, daß Marie-Bernard einen Blutsturz nicht überleben würde …

Doch auch dieses Mal wird Marie-Bernard „am Tor zurückgewiesen"; sie überlebt auch diese Krise. Ganz gesund aber soll sie nie mehr werden, im Gegenteil: Im Jahr 1870 steht es wieder besonders schlimm um die Patientin, ihre Qualen erinnern die Mitschwestern bereits an den Todeskampf und alle fürchten, Marie-Bernard würde binnen weniger Stunden sterben. Doch Marie-Bernard hat die Umstehenden beinahe prophetisch beruhigt und gesagt, daß es heute nacht noch nicht so weit kommen werde.

Gott ist auch bei den Preußen

In diesem Jahr ist der Siebziger-Krieg ausgebrochen, die deutschen Soldaten dringen im November 1870 bis unmittelbar vor Nevers vor. Marie-Bernard notiert zu dieser Zeit: „Man sagt, daß der Feind sich Nevers nähert. Ich verzichte zwar gern darauf, die Preußen zu Gesicht zu bekommen, doch ich fürchte sie nicht. Gott ist überall, selbst inmitten der Preußen …"!

Als Marie-Bernard diese Zeilen aufschrieb, ahnte sie noch nicht, daß dieser Brief der letzte sein würde, den ihr Vater erhielt: Am 4. März des Jahres 1871 ist François Soubirous in Lourdes gestorben. Niemals hatte der einfache Müller und Taglöhner die heimatlichen Pyrenäen verlassen, die geliebte Tochter Bernadette hat er nie im weit entfernten Nevers besuchen können. Schwester Marie-Bernard konnte ihren Schmerz über den Verlust des Vaters nicht verbergen: „In Tränen aufgelöst, habe ich sie am Kamin lehnend gesehen", erinnert sich die Mitschwester Madeleine Bounaix. „Soeben hatte sie die Todesnachricht erhalten …"

Einige Zeit lang ging es mit der Gesundheit wieder aufwärts, doch war der gute Zustand Marie-Bernards nur von kurzer Dauer: Im Januar 1873 wird sie wieder in die Krankenstation eingeliefert, und im Juni wird der Rückfall so ernst, daß sie wie-

Erste Grabstätte von Schwester Marie-Bernard († 16. April 1879) in der Josephs-kapelle im Kloster-garten von Saint-Gildard in Nevers. Seit ihrer Seligspre-chung am 14. Juli 1925 wird der unver-sehrte Leib Berna-dettes in einem kost-baren Schrein im Chor der Kloster-kirche Saint-Gildard aufbewahrt.

der – es ist bereits zum dritten Mal in ihrem Leben – das Sakrament der Krankensal-bung empfängt. „Man hat nichts von mir wissen wollen da oben", scherzt sie mit ge-spielter Heiterkeit.

Im Januar 1874 erhält Schwester Marie-Bernard, als sie wieder einigermaßen ge-nesen ist, neben ihrer Tätigkeit als Hilfskrankenschwester eine weitere Aufgabe zu-gewiesen: Sie wird „Hilfssakristanin" im Kloster, hat die Kelchtücher zu waschen und zu bügeln und für die Ministrantenkleidung zu sorgen. Daneben ist sie oft mit ih-rer neuen Mitschwester Julie Garros zusammen, die sie (als ehemalige Mitschülerin) noch von Lourdes her kennt, und die jetzt ebenfalls in Nevers eingetreten ist. Später, beim Heiligsprechungsprozeß, wird diese Augenzeugin und Zeitgenossin von Ber-nadette mehrere authentische Zitate zu Protokoll geben. So habe ihr Marie-Berna-dette als künftiger Krankenschwester gesagt: „Wenn man einen Kranken pflegt, muß man sich zurückziehen, bevor man ein Dankeswort gesagt bekommt. Man wird schon durch die Ehre, ihn pflegen zu dürfen, genügend belohnt …" Ein andermal sagte Marie-Bernard, daß man nie vergessen dürfe, in der Person des armen Kranken „unseren Herrn zu sehen. Je abstoßender der Arme ist, desto mehr Liebe verdient er". – Und in einem anderen Zusammenhang gab Marie-Bernard ihrer Mitschwester den gutgemeinten Rat – und man hört im Hintergrund die steten Ermahnungen ihrer Tante Bernarde aus der Zeit von Lourdes herausklingen –: „Wenn du mit Männern in einer Wohnung bist, so sieh' zu, daß die Tür immer offensteht!"

Im selben Jahr (1875), in dem in Lourdes die obere Basilika feierlich eingeweiht wird, verschlechtert sich der Gesundheitszustand von Schwester Marie-Bernard wieder rapide. Als ihr der neue Bischof von Nevers, Monseigneur des Ladoue, die Frage stellt, ob sie zur Einweihung gern nach Lourdes mitkommen würde, antwortete sie: „Oh nein, Monseigneur, ich hüte lieber mein Bett". Und zur Schwester Ambroise Fenasse von Saint-Étienne sagte Marie-Bernard folgenden Satz: „Wenn ich im Ballon zur Grotte von Massabielle fliegen und dort beten könnte, wenn sich dort niemand aufhält, so würde ich das mit Vergnügen tun. Aber wenn ich wie jeder andere reisen und mitten in der Menschenmenge sein müßte, dann bleibe ich lieber hier." Die Masse der Neugierigen und Schaulustigen war ihr also offensichtlich zuwider, denn ein anderes Mal sagte sie: „Wenn ich sehen könnte, ohne gesehen zu werden …" Doch diese Begegnung war ihr nicht mehr vergönnt, das spürt sie auch ganz deutlich, indem sie einmal formuliert: „Ich habe Lourdes geopfert. Ich werde die Heilige Jungfrau im Himmel sehen, das wird noch schöner sein …" Und als Marie-Bernard eines Tages einiger Photographien von Massabielle ansichtig wird, ruft sie erschrocken aus: „Oh meine arme Grotte, ich würde sie nicht wiedererkennen!" Am Fest Mariä Geburt, dem 8. September 1877, stirbt Abbé Peyramale, der Ortspfarrer von Lourdes. Kurz vor seinem Tod hatte er Marie-Bernard noch wissen lassen: „Sagt ihr, daß sie immer noch mein Kind ist und daß ich ihr meinen Segen erteile."

Die Krankheiten häufen sich

Das Leben der klösterlichen Seherin hängt in diesen Jahren des öfteren „an einem seidenen Faden": Blutstürze und Rückfälle kennzeichnen ihre Krankengeschichte, sie ist mittlerweile so schwach geworden, daß sie getragen werden muß, wenn sie einen Gottesdienst in der Kapelle mitfeiern will. – Am 16. Dezember besucht sie der neue Bischof von Nevers, Monseigneur de Ladoue. Er ist auf die Idee gekommen, Marie-Bernard solle dem Heiligen Vater in Rom einen Brief schreiben. Mühsam, unter großen Schmerzen, beginnt die junge Schwester auf einem hölzernen Podest in ihrem Krankenbett, gehorsam den Auftrag des Bischofs – ein Schreiben an Papst Pius IX. – auszuführen. Mehrere Anläufe muß sie dazu machen, denn zum einen erscheint den Mitschwestern die Schrift an den Pontifex nicht schön genug, ein andermal wirkt das Schreiben in ihren Augen zu „salopp formuliert". Zum Schluß schreibt Marie-Bernard: „Vom Himmel muß die allerheiligste Jungfrau ihren Blick oft auf Sie richten, allerheiligster Vater, da Sie sie zur Unbefleckten Empfängnis erklärt haben und vier Jahre später diese gute Mutter auf die Erde kam, um zu sagen: ‚Ich bin die Unbefleckte' ... Man könnte meinen, daß sie gekommen ist, um das Wort unseres Heiligen Vaters zu bestätigen ..." – Im Januar 1877 kehrt der Bischof mit dem päpstlichen Segen für Bernadette von Rom, wo er den Brief persönlich überbracht hatte, nach Nevers zurück. Im Sommer 1877 tritt eine überraschende Besserung im Gesundheitszustand von Marie-Bernard ein, „ich gehe jeden Tag im Klostergarten spazieren und konnte sogar einen großen Teil der Exerzitien mitmachen", schreibt sie in dieser Zeit. Doch einige Monate später verschlimmert sich die Krankheit wieder, Marie-Bernard bekommt ein bösartiges Geschwulst am Knie und kann nicht mehr aufstehen. Im Februar 1878 kommt ein arger Rückfall mit Blutspucken, außerdem droht sie das Asthma häufig zu ersticken. Der „Knochenfraß", wie es der Arzt diagnostiziert, wird immer stärker und schmerzhafter. Am 22. September dieses Jahres erneuert sie ihr Gelübde: „Ich bitte unsern Herrn Jesus Christus, mir durch die Fürsprache der allerseligsten Jungfrau, meiner lieben Mutter, die Gnade zu gewähren, daß ich meine Verpflichtungen in Treue erfülle", heißt es in der neuen Gelübdeformel.

Die „Weiße Kapelle", wie Marie-Bernard ihr Krankenzimmer zum Heiligen Kreuz wegen der weißen Vorhänge am Bett nennt, wird sie von diesem Dezember 1878 an nie mehr verlassen können. In manchen durchwachten Nächten denkt Marie-Bernard „an die vielen Heiligen Meßopfer, die tagtäglich, zu jeder Stunde, rings um den Erdball gefeiert werden", und im Januar 1879 vertraut sie ihrer Mitschwester Ambroise Fenasse an, daß sie sich „mit all' diesen Messen im Geiste vereinige, vor allem nachts, wenn sie nicht schlafen kann".

Die krankheitsbedingte Untätigkeit und das Gefühl, „unnütz zu sein", belasten die todkranke Schwester. „Immer bin ich ein Taugenichts", sagt sie eines Tages traurig, so daß sie die Schwester Victoire tröstet: „Aber Sie beten ja für jene, die nicht beten". Und Marie-Bernard antwortet darauf: „Ja, ich kann nur das tun – ich kann nur beten und leiden; Gebet ist meine einzige Waffe ..."

Die Schmerzen werden stärker

Immer stärker wurden die Leiden für Bernadette, unaufhaltsam fraß die Knochentuberkulose an ihren Gliedern. „Es ist sehr schmerzhaft, nicht atmen zu können", sagte sie nach den immer wiederkehrenden Asthma-Anfällen, „aber es ist noch viel schlimmer, von inneren Leiden geplagt zu sein. Das ist schrecklich!". Offensichtlich blieb auch die schwerkranke, leidende Schwester Marie-Bernard nicht von inneren Gewissensqualen und Anfechtungen verschont, sonst wären diese Worte nicht zu verstehen. Und eines Nachts hat eine Mitschwester gehört, wie Marie-Bernard – offenbar gegen eine Einflüsterung des Bösen gewandt – ausgerufen hat: „Zieh' dich zurück!" – Und als sie einmal in Tränen aufgelöst von einer Mitschwester überrascht und nach deren Ursache gefragt wurde, hat die Schwerkranke geantwortet: „Nein, ich weine nicht wegen der Angst vor dem Sterben. Aber wenn Sie wüßten, was alles in mir vorgeht – beten Sie für mich!"

Ihr Beichtvater, Abbé Febvre, sagte später, daß Bernadette deswegen so zerknirscht gewesen sei, weil sie „sich oft vorgeworfen hat, daß sie Gott nicht zurückgeben kann, was sie an Gnade von ihm verliehen bekommen hat". Und auch von Anfechtungen, von einer „Nacht des Glaubens", ist in den Aufzeichnungen des Klosters die Rede. Krankheit, Ohnmacht und tiefe seelische Finsternis muß die Leidgeprüfte durchstehen; „sie ist mehr bearbeitet worden, als daß sie selbst arbeitete", schildert ihr Beichtvater später die letzten Lebensmonate Bernadettes.

Abbé Febvre registriert schließlich alle Krankheiten, die der Klosterarzt bei Schwester Marie-Bernard kurz vor ihrem Tode festgestellt hat: „Chronisches Asthma, Brustschmerzen, Bluterbrechen, Aneurysma (= pathologische Vorbuchtung der Aorta), Magenschmerzen, Tumor am Knie, Knochenfraß, abszeßbedingte zeitweilige Taubheit". Ein Krankenbericht jener Zeit über die Todgeweihte liest sich so: „Ein Tumor hat das Knie steif gemacht; schreckliches Leiden – abnorm vergrößertes Knie, verkleinertes Bein, laute Schmerzensschreie". – Vom Februar 1879 an wird ihr eine beständige Nachtwache zugeteilt, denn man erwartet immerfort ihren Tod. Die Nachtschwester Michel Duhème hörte in dieser Zeit ein „fortgesetztes und ununterbrochenes Seufzen, eine Art gedämpftes Klagen, halb zurückgehalten, denn Marie-Bernard wollte sich meinetwegen zurückhalten, um mich nicht zu beunruhigen".

„Schlafen Sie, schlafen Sie", sagte die Kranke, „ich werde Sie rufen, falls ich Sie brauche." – Ein anderes Mal bat sie ihre Betreuung um Verzeihung: „Es tut mir leid, daß ich mich so viel beklage", wollte sie ihre Schmerzenslaute entschuldigen.

Am 20. März wird eine junge Postulantin zu Marie-Bernard gebracht, denn man hatte schon des öfteren beobachtet, daß ihre Gegenwart und ihr Zuspruch einen besonderen Einfluß auf den klösterlichen Nachwuchs bewirkte. „Mademoiselle, ich leide zu sehr, ich kann sie nicht umarmen, aber ich werde für sie beten", sagte sie zu ihrem unverhofften Besuch. Einige Tage später bedankt sie sich noch für die „guten Bouillon-Suppen" und scherzt, daß sie „besser als eine Prinzessin" verpflegt werde. Und sie vertraut ihrem Beichtvater an, daß sie vom Heiligen Joseph „die Gnade eines guten Todes erfleht" habe – so sehr spürt sie ihr Ende auf sich zukommen.

Gegen die letzte Ölung, die ihr am 28. März gegeben wird, protestiert Marie-Bernard, da sie offenbar keinen Lebensmut mehr hat: „Jedesmal, wenn ich die Krankensalbung bekommen habe, bin ich wieder gesund geworden", sagt sie. Doch diesmal ist es ernst. Die Mitschwestern geben der Todkranken in kindlicher Seeleneinfalt bereits „Aufträge für den Himmel" mit, und Marie-Bernard verspricht, diese getreulich auszuführen und niemanden zu vergessen.

Schwester Philomène Roques wacht in den letzten Märztagen bei ihr und berichtet, daß ihr armer Körper nur noch „eine einzige Wunde" sei, in weiten Bereichen sei bereits ihre Haut abgeschürft und durchgescheuert. Kurz vor Ostern tritt eine gelinde Besserung ein, die immerhin so weit reicht, daß Marie-Bernard ein Ei schmücken kann. Dabei sagt sie, während sie ein Farbherz auf die Schale aufträgt: „Die Menschen haben kein Herz mehr, so male ich welche auf die Eier."

In der Karwoche verschlimmern sich die Schmerzen, Schwester Marie-Bernard bittet die Krankenpflegerin um eine lindernde Arznei. Sie läßt – bis auf ein Kruzifix – alle Bilder in ihrem Krankenzimmer abnehmen und sagt: „Der da genügt mir." Am 13. April beginnt sie ununterbrochen zu husten, sie sagt: „Meine Passion wird bis zu meinem Tod dauern".

Museum in Maison paternelle: Links ein Foto aus dem Jahr 1866, das Bernadette im Kreis ihrer Verwandtschaft mütterlicherseits zeigt – rechts ein Foto, nur kurze Zeit später im gleichen Jahr 1866 aufgenommen, Bernadette (in der Mitte der ersten Reihe) in der Ordenstracht in Nevers.

Am Ostermontag, dem 14. April, dauert der Todeskampf weiterhin an, ein Blutstau kommt hinzu. „Ich werde gemahlen wie ein Getreidekorn", erwähnt Bernadette in Erinnerung an ihre Kindheit in der Mühle, „ich hätte nicht gedacht, daß man so viel leiden muß, um zu sterben". – In der Nacht von Ostermontag zum Dienstag hört ihr Beichtvater des öfteren, wie Marie-Bernard ausruft: „Weiche, Satan!" Der Dämon habe versucht, sie zu erschrecken, berichtet die Kranke am nächsten Morgen, „aber ich habe den heiligsten Namen Jesu angerufen, und daraufhin ist alles verschwunden!"

Das Ende naht

In der Nacht vom 15. zum 16. April, einem Mittwoch, hält die Novizin Alphonse Guerre die Nachtwache bei ihrer Mitschwester. „Ich habe die Kranke völlig erschöpft vorgefunden und mich ans Fußende des Bettes gesetzt", berichtet sie. Von Zeit zu Zeit habe sie ein Schmerzensseufzer zusammenzucken lassen, und „ich war ihr dabei behilflich, sie von einer Seite auf die andere zu drehen, damit die offenen Wunden der Knochentuberkulose nicht so sehr schmerzten".

Am Morgen nach dieser schmerzhaften Nacht stattet Mutter Marie-Louise Bourgeot der Patientin einen Besuch ab; Marie-Bernard bittet mit letzter Kraft darum, vom Krankenbett hochgehoben und auf den bereitstehenden Sessel getragen zu werden. Die Schwestern des Klosters werden zusammengerufen, Abbé Febvre eilt herbei, um mit Marie-Bernard das Sterbegebet zu sprechen. Sie wiederholt es mit schwacher, aber klarer Stimme, und in einer ruhigen Minute spricht der Priester ihr eine Stelle aus dem Hohenlied vor, in dem der göttliche Bräutigam sagt: „Lege mich wie ein Siegel auf dein Herz". Daraufhin habe Marie-Bernard das Kreuz genommen und fest an ihre Brust gedrückt: „Mein Jesus, oh, wie ich ihn liebe!" – Kurz nach zwei Uhr nachmittags fragt eine Mitschwester, ob sie viel zu leiden habe, und die Sterbende antwortet: „All' das ist gut für den Himmel!" In diesem Moment erinnert sie sich an den schriftlichen Segen des Papstes, und sie bittet um das Blatt von Pius IX. Dann versucht sie, sich ein wenig vom Sessel zu erheben, schaut nach oben und legt ihre Hand an die Stirn. Ihre Augen sind auf einen festen Punkt in der Ferne gerichtet, ihre Gesichtszüge wirken auf die Umstehenden „ruhig und von einem melancholischen Ernst". Dann, gegen halb drei Uhr, habe sie in einem nicht zu beschreibenden Tonfall – „der eher Überraschung als Schmerz ausdrückte" – dreimal „Oh! Oh! Oh!" gerufen, und ein Zittern durchlief ihren ganzen Körper …

In den letzten Minuten ihres irdischen Daseins ist Bernadette in die Betrachtung des Kreuzes versunken, betet „Mutter Gottes, bitte für mich arme Sünderin", und verlangt nach einem Getränk. Sie nimmt einige Tropfen von dem stärkenden Trank, neigt ihren Kopf zur Seite und stirbt. Es ist der Mittwoch nach Ostern, der 16. April 1879 gegen 15.15 Uhr im Kloster Saint-Gildard zu Nevers in Frankreich; Schwester Marie-Bernard Soubirous ist nur 36 Jahre alt geworden.

Rechts: Marienstatue, die Bernadette besonders liebte und von der sie sagte: »Die ist am wenigsten schlecht.«

Bernadette – eine Heilige?

Am 14. Juli des Jahres 1925 wird Schwester Marie-Bernard in Rom von Papst Pius XI. seliggesprochen, acht Jahre später – am 8. Dezember 1933 – erhebt derselbe Papst die Ordensfrau aus Nevers zur Ehre der Altäre und spricht sie heilig. – Viele Schriften sind seither über Bernadette, die Müllerstochter und das Hirtenmädchen aus Lourdes am Fuß der Pyrenäen, verfaßt worden. Warum wurde ausgerechnet sie heiliggesprochen?

Die Frage kann wie folgt beantwortet werden:

Zum einen war Bernadette auserwählt, eine besondere Botschaft von Gott zu überbringen. Nämlich die Botschaft, daß die Muttergottes tatsächlich unbefleckt empfangen wurde und als solche in der Grotte zu Massabielle mehrmals einem Menschen erschienen ist. Außerdem die Botschaft, daß die Menschen Buße tun sollen und daß eine Kapelle am Ort der Erscheinung errichtet werde und daß Prozessionen dorthin führen sollen. Beides ist – der ständig wachsende Pilgeransturm zeigt es – erfüllt worden. – Über die Geheimnisse in der Lourdes-Botschaft wissen wir nichts, – Bernadette hat sie mit in den Tod genommen.

Bernadette weihte ihr ganzes weiteres Leben nach den Erscheinungen dieser Botschaft und tratt in ein Kloster ein, um ihr Leben Gott zu opfern. Und für sich selbst hat Schwester Marie-Bernard – auch im allertiefsten Schmerz und größten Leiden – kein Wunder erbeten, vielmehr hat sie ihre Schmerzen stellvertretend für andere dargebracht.

73

Lourdes heute

Das traute Städtchen an der Gave, in dem Bernadette geboren wurde, hat sein Gesicht im Lauf der vergangenen Jahrzehnte sehr verändert. Der Ort wurde zum größten, meist frequentierten Wallfahrtsort des 20. Jahrhunderts, wie die Zahlen noch zeigen werden. Internationale Wallfahrten pilgern täglich in die Stadt, die heute etwa 20 000 Einwohner zählt und zu einem großen Teil von der Wallfahrt-„Industrie" – dem Beherbergungsgewerbe, der Verpflegung und dem Devotionalien-Verkauf – lebt. Darüber hinaus hat sich Lourdes zum Zentrum der katholischen Friedensbewegung entwickelt, wie etwa das internationale Treffen der Pax-Christi-Mitglieder im Jahr 1948 mit Vertretern aus 30 Nationen oder der Internationale Pax-Christi-Kongreß mit acht Kardinälen, 40 Bischöfen und Zehntausenden von Gläubigen aus 40 Ländern im Jahr 1949 gezeigt haben.

Übrigens wurde noch vor der Seligsprechung, am 13. November 1907, das „Fest Unserer lieben Frau von Lourdes" von Papst Pius X. auf die gesamte katholische Kirche (und zwar wurde dafür der 11. Februar bestimmt) ausgedehnt. Zwei Jahre nach der Heiligsprechung Bernadettes, im April 1935, wurde feierlich das „Heilige Jahr der Erlösung" in Lourdes in Anwesenheit des Kardinalstaatssekretärs und Päpstlichen Legaten Eugenio Pacelli, des späteren Papstes Pius XII., abgeschlossen. Am 11. Februar 1958 – hundert Jahre nach den Marienerscheinungen – wird feierlich das Jubiläumsjahr in Gegenwart von 22 Bischöfen und 60 000 Gläubigen aus aller Welt eröffnet.

Ebenfalls im Jubiläumsjahr wird am 25. März die unterirdische St. Pius-Basilika durch Kardinal Roncalli, den späteren Papst Johannes XXIII., eingeweiht. Der gigantische Bau war notwendig geworden, um die Pilgermassen fassen zu können. Anno 1959 beschloß Papst Johannes XXIII. das Jubiläumsjahr mit einer ausführlichen Rundfunk-Botschaft. Allein in jenem Jahr wurden fünf Millionen Pilger an der Grotte von Massabielle gezählt.

1981 wird der Eucharistische Weltkongreß in Gegenwart des päpstlichen Legaten Kardinal Bernardin Gantin in Lourdes abgehalten; in den Jahren 1899 und 1914 hatte er ebenfalls in Lourdes stattgefunden.

Je nach Jahreszeit fließen heute pro Tag zwischen 17 000 und 72 000 Liter aus der wunderbaren Quelle, mit der auch die Badezellen in der Badehalle für die Kranken gespeist werden.

Lourdes ist nach wie vor ein Hoffnungsort für Kranke gewesen und geblieben, es gibt zahlreiche medizinisch anerkannte Wunder.

Segnung der Kranken mit dem Allerheiligsten. Mit ihren Gebeten und ihrem tiefen Vertrauen auf die Fürsprache Marias wenden sich die Pilger hin zu Jesus Christus.

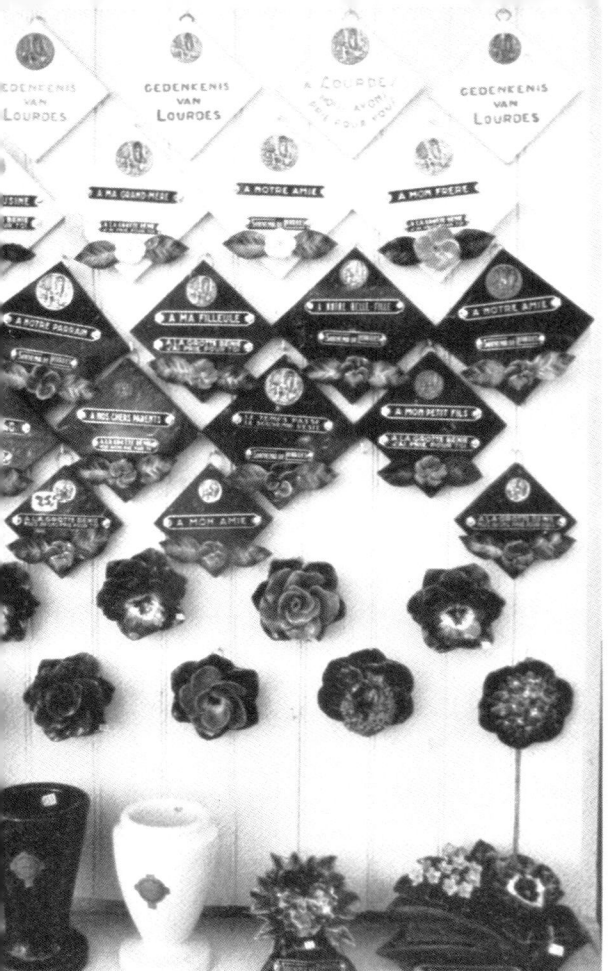

Viele anerkannte Wunder

Allein im Zeitraum 1950 bis 1965 haben 18 Heilungen vor den gestrengen Ärzte-Kommissionen Bestand gehabt und dürfen folglich als anerkannte Wunder gelten. Es wurden geheilt: Johanna Fretel, Maria Bigot, Oberst Pellegrin, Alice Couteault, Maria-Theresia Canin, Johannes Gestas, Evasio Ganora, Edeltraut Fulda, Juliette Tamburini, Elisa Aloi, der Klosterbruder Leo Schwager, Ginette Nouvel, Schwester Maria-Mercedes, Magdalena Carini, Yvonne Fournier, Luise Jamain, Lydia Brosse und Henriette Bressolles. Die Liste dieser wunderbar Geheilten, die der Arzt Dr. A. Olivieri in seinem Buch „Gibt es noch Wunder in Lourdes" aufgestellt hat, soll dokumentieren, daß es sich bei den Geheilten um Menschen aus mehreren Ländern handelt, wie die Namen verraten. Bei der ersten Liste überwogen natürlicherweise die Namen von Franzosen, da ja diese als erste zu der wunderbaren Grotte und der Quelle strömten, bevor das Ausland darauf aufmerksam wurde.

Am 21. Juli 1981 ließ Papst Johannes Paul II. eine Botschaft an die Teilnehmer des Eucharistischen Kongresses in Lourdes verlesen, in der es unter anderem heißt: „Die

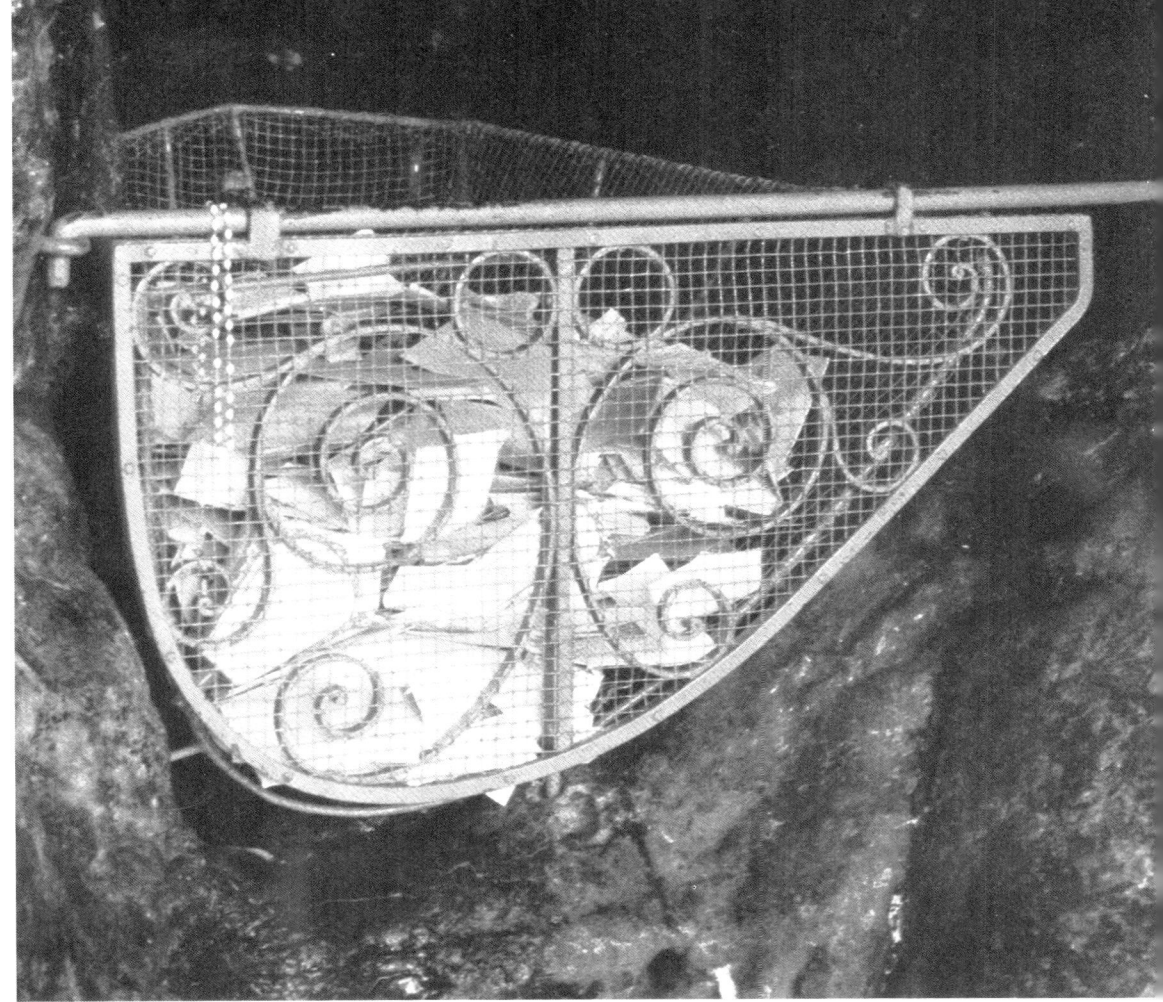

Links außen: Lourdes – Andenken in allen Ausführungen, Größen und Sprachen.
Links innen: Kerzenstand: Wo in Lourdes eine Kerze brennt, will sie ein Zeichen sein.
Oben: Bittbriefe aus aller Welt landen in diesem Behälter, der nahe der Grotte angebracht ist.

Mutter Christi hat sich gerade hier in Lourdes vor den Augen der Bernadette gezeigt, den Menschen, den sündigen Menschen, so nahe, so nahe ihrem Bedürfnis nach Umkehr, ihrem Durst nach vollem Glück." – Da der Papst wegen der Attentats-Verletzungen nicht selbst am Kongreß teilnehmen konnte, hat er seinen Besuch verschoben und ist am 14. und 15. August 1983 in den Pyrenäen-Wallfahrtsort gekommen; der französische Staatspräsident François Mitterand hat den Heiligen Vater bei der Ankunft auf dem Flughafen Tarbes-Ossun „im Namen von ganz Frankreich" willkommen geheißen und auf die „vielfältige Bedrohung des Friedens" hingewiesen.

An die Gläubigen auf der weiten Wiese vor der Grotte, an die Priester und Ordensschwestern in der Rosenkranz-Basilika richtete der Papst ausführliche Ansprachen, außerdem sprach er besonders den Kranken bei der Grotte Mut zu.

Lourdes und Bernadette

Der Leichnam von Schwester Marie-Bernard ruhte zunächst unter einer Grabplatte im Schiff der St. Josephs-Kapelle im Garten des Klosters St. Gildard in Nevers. Am 20. September 1908 wird die Grabplatte abgehoben und der Sarg geöffnet, wie es der apostolische Prozeß in Zusammenhang mit der Seligsprechung vorschreibt. Die Betrachter damals dokumentieren, daß Bernadette „genauso aussieht wie im Augenblick ihres Todes vor 30 Jahren". – Der Körper sei unversehrt gewesen; er wird wieder – diesmal in einem doppelten Sarg – unter der Grabplatte versenkt. Am 13. August 1913 wird Bernadette von Papst Pius X. als „verehrungswürdige Dienerin Gottes" – eine Vorstufe vor der Seligsprechung – bezeichnet. 1919 wird der Sarg wiederum geöffnet, „auch diesmal ist der Leichnam unverwest", wird berichtet. Behutsam werden das Antlitz und die Hände mit einer dünnen Wachsschicht überzogen, dann wird der Körper in einen gläsernen, kostbaren Schrein gelegt und im Chor der Klosterkapelle zu Nevers ausgestellt, wo er noch heute zu sehen ist. Absichtlich blieb der Leichnam in Nevers, denn in Lourdes selbst soll alles auf Maria, die Unbefleckte Empfängnis, konzentriert sein, und nicht auf die Heilige Bernadette. Trotzdem ist diese in Lourdes lebendig geblieben:

Mit ihrer Botschaft an die ganze Christenheit; Gott ist auch in der säkularisierten Welt gegenwärtig, er gibt uns die Heiligen zur Seite und wirkt nach wie vor Zeichen und Wunder.

Außerdem bleibt die Heilige Bernadette, das Seherkind aus Lourdes, mit ihrem Vorbild lebendig: Sie selbst wurde nicht geheilt wie so viele andere, und auch die meisten Kranken, die nach Lourdes pilgern, bleiben krank. Bernadette zeigt ihnen aber, daß Leiden und Krankheiten, Behinderungen und Schmerzen nicht sinnlos sind.

Und der Mediziner Dr. Erwin Theis erklärt das Phänomen dieses Wallfahrtsorts folgendermaßen: „Lourdes ist ein Ort, wo der Kranke im Zentrum steht. Es ist vielleicht der einzige Ort auf der Welt, wo man den Kranken aus seinem Hinterzimmer herausgeholt hat und ihn in die vorderste Reihe stellt …"

Links oben: Auf der linken Seite der Grotte können Pilger das Lourdes-Wasser in ihre Behälter einfließen lassen.
Links unten: Über alle Völker, Rassen und Sprachen hinweg eint die Pilger in Lourdes der Glaube an den allmächtigen und barmherzigen Gott und das Vertrauen auf die Fürsprache Marias.
Rechts oben: Aufgang zur ersten Station (bestehend aus 14 Bronzefiguren) des Kreuzwegs, der sich stimmungsvoll auf der Anhöhe des Eselugues entlangzieht.
Rechts unten: Wo der Glaube lebt und eint, gibt es keine Scheu, seine Gefühle zu äußern, auf die Knie zu fallen und zu beten.

Das Leben Bernadettes im Rahmen der Zeitgeschichte

Kirchen- und Zeitgeschichte		Leben Bernadettes	
1830	Juli-Revolution in Frankreich	1843	(9. Januar) Hochzeit von François Soubirous mit Louise Castérot (Eltern Bernadettes)
1844	Geburt des deutschen Philosophen Friedrich Nietzsche	1844	(7. Januar) Geburt von Bernadette Soubirous in der Boly-Mühle in Lourdes (9. Januar) Taufe von Bernadette in der Pfarrkirche von Lourdes
1846	(−1878) Papst Pius IX.		
1848	Kommunistisches Manifest		
1854	(8. Dezember) Verkündigung des Glaubenssatzes der Unbefleckten Empfängnis Marias durch Papst Pius IX.	1855	Übersiedlung der Familie Soubirous in den „Cachot" (Rue des Petits-Fossés) in Lourdes
		1857	(Ende Juni) Übersiedlung Bernadettes nach Bartrès
1859	Tod des Pfarrers von Ars, Jean-Marie-Baptiste Vianney (heiliggesprochen am 31. Mai 1925 durch Papst Pius XI.)	1858	(Ende Januar) Rückkehr Bernadettes in die Wohnung „Cachot" nach Lourdes Marienerscheinungen 11. Februar bis 16. Juli, 18 Marienerschei- nungen in der Grotte von Massabielle 17. November: Erstes kirchliches Verhör vor der bischöflichen Untersuchungskommission
		1860	(15. Juli) Bernadette wird Schülerin bei den Schwestern von Nevers und wohnt seither in deren Hospiz in Lourdes
		1862	(18. Januar) Bischof Laurence von Tarbes erklärt die Ereignisse von Massabielle für echt.
		1866	(Mittwoch 4. Juli) Übersiedlung Bernadettes nach Nevers in das Kloster Saint-Gildard (29. Juli) Einkleidung Bernadettes neuer Ordensname Marie-Bernard (25. Okto- ber) Schwere Erkrankung Bernadettes
1869	(−1870) Erstes Vatikanisches Konzil	1867	(30. Oktober) Ablegung der Ordensprofeß von Schwester Marie-Bernard
1870	(−1871) Deutsch-französischer Krieg – Niederlage Frankreichs		
1873	(−1897) Therese von Lisieux (heiliggesprochen am 17. Mai 1925 durch Papst Pius XI.)	1873	(3. Juli) Schwere Erkrankung von Schwester Marie-Bernard, zum dritten Mal Empfang der Krankensalbung
1878	(−1903) Papst Leo XIII.	1878	(22. September) Ablegung der Ewigen Gelübde durch Schwester Marie-Bernard
		1879	(16. April) Tod von Schwester Marie-Bernard